DOMINE AS HYBRID SKILLS

CARO(A) LEITOR(A),

Queremos saber sua opinião sobre nossos livros.
Após a leitura, siga-nos no
linkedin.com/company/editora-gente,
no **TikTok @editoragente**
e no **Instagram @editoragente**,
e visite-nos no site
www.editoragente.com.br.
Cadastre-se e contribua com
sugestões, críticas ou elogios.

JUNIOR BORNELI

DOMINE AS HYBRID SKILLS

Como se adaptar à nova lógica
de trabalho na era da IA

Diretora
Rosely Boschini

Gerente Editorial
Rosângela de Araujo Pinheiro Barbosa

Editora
Natália Domene Alcaide

Assistente Editorial
Camila Gabarrão

Produção Gráfica
Leandro Kulaif

Preparação
Elisabete Franczak Branco

Capa
Thiago de Barros

Projeto gráfico
Márcia Matos
Vivian Oliveira

Diagramação
Vivian Oliveira

Revisão
Débora Spanamberg Wink

Impressão
Edições Loyola

Copyright © 2025 by Junior Borneli
Todos os direitos desta edição
são reservados à Editora Gente.
R. Dep. Lacerda Franco, 300 – Pinheiros
São Paulo, SP – CEP 05418-000
Telefone: (11) 3670-2500
Site: www.editoragente.com.br
E-mail: gente@editoragente.com.br

Dados Internacionais de Catalogação na Publicação (CIP)
Angélica Ilacqua CRB-8/7057

Borneli, Junior
    Domine as hybrid skills : como se adaptar à nova lógica de trabalho na era da
IA / Junior Borneli. - São Paulo : Editora Gente, 2025.

160 p.

ISBN 978-65-5544-606-7

1. Desenvolvimento profissional 2. Tecnologia I. Título

25-1273   CDD 650.1

Índices para catálogo sistemático:
1. Desenvolvimento profissional

NOTA DA PUBLISHER

Vivemos um momento em que a transformação tecnológica deixou de ser tendência para se tornar um divisor de águas entre o ontem e o amanhã das carreiras. A inteligência artificial já não é mais futuro – ela é presente, urgente e inadiável. E diante desse cenário, uma angústia silenciosa paira sobre milhões de profissionais: "Qual é o meu lugar nesse novo mundo?". Este livro nasce exatamente para responder a essa pergunta.

Quando Junior Borneli me apresentou a proposta de *Domine as hybrid skills*, o que imediatamente me tocou foi sua inquietação genuína. Mais do que um conteúdo sobre tecnologia, trata-se de um manifesto sobre protagonismo humano em tempos de algoritmos. O autor, CEO de uma das principais plataformas de educação de negócios do país, a StartSe, se propõe a transformar a ansiedade coletiva em preparação prática. Vi, neste projeto, não só um livro, mas um chamado.

Borneli é alguém que vive na fronteira entre o que é e o que está por vir. Ele conversa diariamente com lideranças de todos os setores e tem uma escuta afiada para captar os sinais do futuro. Ele entende o que está mudando e sabe traduzir isso em ação concreta. Seu olhar é estratégico, mas também profundamente humano. Ele é, para mim, o exemplo perfeito do profissional híbrido que defende: um líder que une visão tecnológica e sensibilidade humana.

Este livro entrega a você uma ferramenta poderosa para navegar com consciência e coragem pela nova economia, mostra o caminho de como poderá desenvolver as habilidades que já são essenciais — como pensamento crítico, inteligência emocional, adaptabilidade, criatividade e liderança colaborativa com tecnologias. Cada capítulo é um ao aprendizado contínuo e à reinvenção.

Domine as hybrid skills é para quem não aceita ser espectador das transformações, mas quer protagonizar a construção de um novo mercado, mais inteligente, mais humano, mais conectado com o que realmente importa. É um guia prático, direto e inspirador para quem escolheu crescer onde outros só enxergam ameaça.

Espero que, ao virar de cada página, você se veja mais preparado para liderar o futuro. Boa leitura!

ROSELY BOSCHINI
CEO e Publisher da Editora Gente

Dedico este livro a todas as pessoas inquietas, corajosas e dispostas a viver a mudança.

Aquelas que sentem, lá no fundo, que o mundo é um lugar não apenas para ser observado, mas transformado. Aos que não se acomodam com o conforto do conhecido e preferem o frio na barriga do novo. Aos que sabem que a evolução é um processo vivo, constante, e que a verdadeira estagnação está em permanecer com as mesmas ideias de ontem diante dos desafios de amanhã.

Este livro é para quem escolhe agir. Para quem, diante da incerteza, avança. Para quem entende que abandonar velhas convicções não é perder identidade, mas abrir espaço para crescer.

É uma homenagem aos ousados. Aos que não esperam permissão para recomeçar. Aos que falham, aprendem e continuam. Aos que enfrentam os próprios limites e, ao fazer isso, inspiram outros a também se moverem.

Se você sente que nasceu para construir o novo, quebrar padrões e deixar um legado, este livro é para você. Que ele seja combustível para suas decisões, seja uma companhia nas suas reinvenções e proporcione coragem para seus saltos.

Agradeço à minha esposa, Kelley, pelo suporte inabalável e pelo amor constante. Sua presença forte, seu companheirismo e sua fé incondicional tornaram possível cada passo desta jornada.

Também agradeço profundamente aos meus filhos, Amanda e João Lucas, minha maior inspiração diária. É por eles – e por toda a geração que representam – que sigo em busca de compreender as transformações do mundo. Que este livro seja, em parte, um legado dessa caminhada.

SUMÁRIO

Introdução ....

01. O impacto já começou ....

02. Hybrid skills ....

03. Pensamento crítico e tomada de decisão ....

04. Inteligência emocional e adaptabilidade ....

05. Criatividade e inovação ....

06. Comunicação e persuasão ....

07. Alfabetização em IA e tecnologia ....

08. Liderança na era da IA ....

09. Resolução de problemas complexos ....

10. Colaboração humano-IA ....

11. Cultura de aprendizado contínuo ....

12. Ética e responsabilidade digital ....

13. Inteligência exponencial ....

14. O poder da intuição ....

15. Geração H ....

16. O profissional híbrido na prática ....

17. O futuro começa agora ....

Nota final. A sorte favorece os bravos ....

Anexo I. Agentes de IA e funcionários virtuais ....

Anexo II. Robôs humanoides e IA física ....

Fontes e referências principais ....

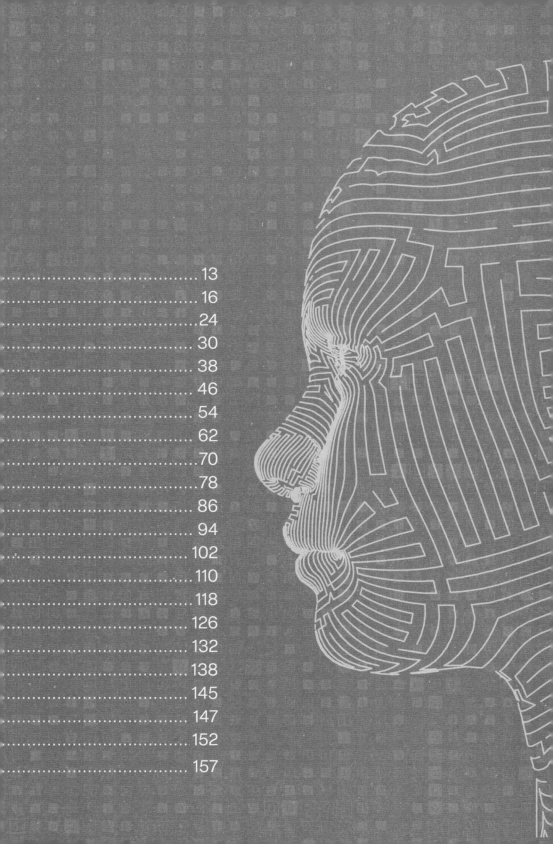

INTRODUÇÃO

Estamos vivendo uma das maiores transformações da história da humanidade. A inteligência artificial, que há poucas décadas parecia uma fantasia distante, já é parte essencial de nossa rotina pessoal e profissional. Da maneira como consumimos entretenimento às decisões estratégicas em grandes empresas, a IA mudou – e seguirá mudando – nossa maneira de pensar, agir e trabalhar.

Eu venho acompanhando essa revolução de perto. Não só como empreendedor, mas como alguém profundamente curioso sobre os sinais do futuro. Ao conversar com líderes, fundadores e profissionais de diferentes áreas, percebi um sentimento que se repete: entusiasmo e medo, lado a lado. Muita gente sente que está perdendo o bonde da história – e isso me tocou. Comecei, então, a estudar intensamente esse novo mundo. E, mais do que respostas, encontrei perguntas poderosas:

O que acontecerá com o trabalho humano? Os robôs vão substituir pessoas? Quais habilidades nos manterão relevantes em um mundo dominado por máquinas inteligentes?

Este livro nasceu dessas inquietações. E da vontade de transformar essa angústia coletiva em ação prática. Compartilho aqui com você uma convicção: o futuro do trabalho não será definido por uma guerra entre humanos e algoritmos, mas por uma colaboração estratégica – que chamo de **hybrid skills**.

Essas competências híbridas representam a fusão entre aquilo que temos de mais humano – criatividade, empatia, liderança emocional, pensamento crítico – com o uso consciente e estratégico da tecnologia. Acredito que quem domina essa combinação não apenas sobrevive, mas lidera.

Ao longo dos capítulos, vou mostrar como essa transformação pode – e deve – ser encarada como uma grande oportunidade de reinvenção. Mas, para isso, é preciso preparação, curiosidade e coragem para abandonar certezas antigas.

Meu objetivo com este livro não é apenas refletir sobre o impacto da IA, mas oferecer um guia prático e direto para que você possa agir, evoluir e assumir o protagonismo neste novo tempo.

Sentir insegurança é natural – eu também senti. Estamos diante de um novo ciclo evolutivo, assim como aconteceu nas Revoluções Industrial e Digital. Mas a história mostra que vence quem aprende, se adapta e se reinventa com velocidade.

As mudanças tecnológicas sempre nos impulsionaram para a frente. Agora não será diferente. O futuro pertence aos profissionais híbridos – aqueles que abraçam o novo sem abrir mão de sua essência.

Prepare-se. O futuro híbrido já começou. E requer pessoas como você – inquietas, curiosas, humanas.

A IA mudou – e seguirá mudando – nossa maneira de pensar, agir e trabalhar.

Domine as hybrid skills
@juniorborneli

01.
O IMPACTO JÁ COMEÇOU:
Quem fica para trás?

> **"O futuro pertence àqueles que aprendem mais habilidades e as combinam de maneiras criativas."**
> *Robert Greene*[1]

Quando pensamos em inteligência artificial (IA), é comum imaginar um futuro distante, algo saído de filmes ou séries de ficção científica. Porém, a verdade é que a revolução já começou – e está acontecendo bem diante dos nossos olhos.

Empresas líderes como **Tesla**, **Amazon** e **Google** já utilizam amplamente funcionários virtuais e robôs para executar atividades que antes eram realizadas exclusivamente por pessoas. Na **Tesla**, por exemplo, a automação é parte central do modelo industrial. A empresa vem reimaginando completamente suas linhas de montagem: robôs colaborativos trabalham lado a lado com engenheiros humanos, executando tarefas de soldagem, pintura e montagem com precisão milimétrica. A montadora de Elon Musk estima uma melhoria de até 30% na eficiência espaço-tempo e um aumento de 44% na densidade de produção com sua nova abordagem fabril, mais compacta e altamente robotizada.

Na **Amazon**, a adoção da robótica tem transformado radicalmente a logística global. Mais de **750 mil robôs móveis** já operam

---

[1] GREENE, R. **Maestria**. Tradução de Afonso Celso da Cunha Serra. Rio de Janeiro: Sextante, 2013.

em seus centros de distribuição ao redor do mundo, organizando estoques, transportando mercadorias e otimizando rotas com base em algoritmos de *machine learning* (aprendizado de máquina). O modelo mais recente, chamado **Proteus**, consegue operar de maneira autônoma entre humanos, reduzindo riscos e melhorando a velocidade das operações. Segundo projeções de mercado, a Amazon poderá economizar até **10 bilhões de dólares anuais** com essa automação até 2030. A empresa não só redefine o conceito de eficiência logística como estabelece um novo patamar de integração entre máquinas e pessoas no ambiente de trabalho.

O **Google**, por sua vez, tem ido além do uso tradicional da IA em produtos como o buscador ou o YouTube. Internamente, a empresa utiliza algoritmos inteligentes para orientar tomadas de decisão estratégicas, como a priorização de projetos, análise preditiva de comportamento de usuários e até definição de preços para soluções corporativas. A companhia desenvolveu uma estratégia de IA robusta, em que cada iniciativa tecnológica é avaliada em sua **viabilidade técnica, valor comercial e impacto organizacional**. Esse modelo aumenta a assertividade dos gestores, além de reforçar o papel da IA como cérebro operacional em empresas do futuro.

Setores antes considerados "seguros" também estão sendo profundamente transformados. No mundo jurídico, **escritórios de advocacia** passaram a utilizar ferramentas de IA como **Clio Duo**, **Casetext** e **Logikcull**, que podem revisar milhares de documentos jurídicos em segundos, identificar jurisprudências relevantes e até sugerir cláusulas contratuais com base em históricos de casos. O impacto é enorme: o que antes exigia equipes inteiras de advogados juniores agora pode ser feito por um profissional sênior apoiado por uma IA, com maior precisão e em uma fração do tempo. A

American Bar Association já reconhece oficialmente a IA como uma aliada crítica no aumento da produtividade e na redução de erros nos escritórios modernos.

Na área de **tecnologia da informação**, o impacto é ainda mais direto. Desenvolvedores de software têm à disposição assistentes de codificação como o **GitHub Copilot**, **Amazon CodeWhisperer** e **Tabnine**, que completam linhas de código automaticamente, sugerem funções e identificam bugs em tempo real. Um estudo recente apontou que programadores que utilizam essas ferramentas apresentaram um **aumento de produtividade de até 45%**, especialmente entre profissionais iniciantes e intermediários. Isso está remodelando a rotina dos times de engenharia, que passam a dedicar mais tempo à arquitetura de soluções e menos à execução repetitiva.

Nem mesmo áreas criativas como **jornalismo**, **marketing** e **design** estão imunes a essa revolução silenciosa. Redações inteiras já contam com sistemas de IA treinados para redigir textos informativos, como resumos de resultados financeiros ou análises esportivas, com mínima ou nenhuma intervenção humana. O **Washington Post**, por exemplo, desenvolveu o **Heliograf**, uma IA que publicou milhares de matérias automatizadas durante grandes eventos, como eleições e Jogos Olímpicos. Em marketing, plataformas como o **Copy.ai** e o **Jasper** geram campanhas publicitárias personalizadas com base em dados comportamentais e segmentação avançada. Já no design, ferramentas tais como o **Canva Magic Design** ou o **DALL·E** permitem que equipes criem imagens, logos e peças visuais em segundos. O resultado são fluxos criativos acelerados, com entregas mais rápidas e, muitas vezes, resultados comparáveis – ou superiores – aos de humanos trabalhando sozinhos.

O que podemos esperar daqui para a frente? Essa transformação certamente não vai parar por aqui. Pelo contrário, tende a acelerar, alcançando cada vez mais setores da economia. Setores como finanças, saúde, engenharia, vendas e até mesmo áreas como atendimento ao cliente verão suas rotinas alteradas profundamente pela IA nos próximos anos. E não pense que o impacto será somente nas atividades operacionais; vai influenciar também a forma como decisões estratégicas são tomadas.

Nesse cenário, é natural que surjam preocupações. O desemprego estrutural já é uma realidade em vários setores, à medida que tarefas repetitivas e manuais são cada vez mais automatizadas. Um estudo recente do Fórum Econômico Mundial estima que cerca de 92 milhões de empregos poderão desaparecer em 2030 por causa da automação.[2] Esse dado, à primeira vista assustador, tem gerado uma pergunta inquietante para milhões de profissionais ao redor do mundo: *Meu emprego será um deles?*

Se você sente ansiedade sobre seu futuro profissional, saiba que não está sozinho. O mundo inteiro está diante de uma questão existencial: **como será meu futuro profissional em um cenário em que máquinas executam tarefas de maneira mais rápida, mais barata e, muitas vezes, com maior precisão?**

Hoje, trabalhadores de todas as áreas vivem sob a sombra dessa dúvida. Advogados se perguntam se robôs jurídicos substituirão suas habilidades de interpretação; designers se preocupam se plataformas digitais podem criar melhores layouts; profissionais de marketing temem que algoritmos sejam mais eficazes na segmentação e na criação

---

[2] FÓRUM ECONÔMICO MUNDIAL. **Relatório sobre o Futuro dos Empregos** 2025. Disponível em: https://reports.weforum.org/docs/WEF_Future_of_Jobs_2025_Press_Release_PTBR.pdf?. Acesso em: 5 maio 2025.

de campanhas publicitárias; e até médicos questionam se a inteligência artificial poderá realizar diagnósticos mais precisos do que eles próprios.

Mas precisamos entender que a questão crucial não é *se* os robôs vão substituir as pessoas. Isso já está acontecendo em certas atividades repetitivas e, a tendência é clara, vai continuar acontecendo. A verdadeira questão é: **quem são as pessoas que correm maior risco de ficar para trás nessa corrida tecnológica?**

A resposta é simples, mas não óbvia: quem ficará para trás não são aqueles com menos conhecimento técnico ou menos experiência, mas os que **não souberem se adaptar e aprender rapidamente**. Muito além da inteligência artificial, a ameaça é a inércia, a resistência à mudança, o apego a formas tradicionais e ultrapassadas de trabalhar e a dificuldade em aprender e reaprender constantemente.

Pense no exemplo de uma empresa de contabilidade que se recusa a utilizar sistemas automatizados porque os funcionários não querem aprender algo novo. A curto prazo, essa decisão pode parecer confortável, mas rapidamente essa empresa vai se tornar obsoleta em relação às concorrentes que adotaram a tecnologia. A resistência interna dessa equipe acabará sendo sua sentença de exclusão do mercado.

Percebe que o problema não é a chegada da máquina ou da IA, e sim a mentalidade fechada e o receio de enfrentar o novo? A falta de adaptação, a resistência ao aprendizado contínuo e o apego às velhas rotinas são as reais ameaças ao futuro profissional, muito mais do que a automação em si. O principal problema são empresas e profissionais que não estão se preparando para trabalhar lado a lado com essa nova tecnologia.

As pessoas que atualmente se destacam no mercado não estão preocupadas em competir com algoritmos. Pelo contrário, procuram formas de usar as novas tecnologias a seu favor, criando uma relação simbiótica com as máquinas.

É essencial entender que, por mais eficiente que seja a tecnologia, ela ainda depende da direção, dos valores e da capacidade humana de dar sentido às ações. As máquinas não têm objetivos próprios – são ferramentas que ampliam nossa capacidade de execução, mas não substituem nossa capacidade de visão e propósito.

Portanto, o profissional do futuro precisa adotar uma postura ativa diante da mudança. Isso significa não ficar esperando a automação bater à porta de seu escritório para então começar a agir, mas antecipar-se e criar um conjunto robusto de competências que tornem a automação uma aliada, e não uma adversária.

Ninguém precisa ser uma vítima passiva das mudanças tecnológicas. A diferença entre aqueles que vão prosperar e aqueles que ficarão para trás será a atitude perante o aprendizado e a mudança. O futuro será extremamente generoso para quem tiver coragem de evoluir agora. Você está pronto?

PRINCIPAIS APRENDIZADOS

- A IA já está impactando profundamente o mercado de trabalho.
- Empresas líderes já usam robôs e algoritmos para realizar tarefas antes exclusivas de mão de obra humana.
- Setores diversos – desde jurídico até criativo – estão experimentando mudanças significativas.
- Muitos empregos serão substituídos pela automação nos próximos anos, o que é inevitável.
- Quem for resistente à mudança e estiver preso a velhas formas de pensar e agir, ficará para trás.
- Profissionais com mentalidade fechada e resistência à tecnologia vão se tornar obsoletos rapidamente.
- A verdadeira ameaça não é a automação, mas a falta de adaptabilidade e aprendizagem contínua.

02.
HYBRID SKILLS:
As habilidades essenciais da nova economia

> **"Se eu tivesse seis horas para cortar uma árvore, passaria as quatro primeiras afiando o machado."**
>
> *Abraham Lincoln*

Se é verdade que algoritmos e robôs substituirão muitas das tarefas hoje desempenhadas por humanos, então também é verdade que as habilidades necessárias para permanecer relevante no mercado de trabalho mudarão drasticamente. Não estamos falando de pequenas atualizações em nossos currículos ou de melhorias incrementais no que já sabemos fazer. Estamos diante de uma mudança profunda e estrutural: precisamos de um novo conjunto de habilidades que nos permitam trabalhar com as máquinas, e não contra elas. Estamos falando das **hybrid skills**, ou habilidades híbridas.

Mas, afinal, o que são hybrid skills?

As hybrid skills são aquelas habilidades que surgem da união entre a tecnologia e o que há de mais essencialmente humano. Representam a combinação perfeita entre nossas capacidades cognitivas, emocionais e sociais e as capacidades técnicas e analíticas das máquinas. Não são habilidades puramente técnicas, como saber programação ou dominar um software específico, tampouco são habilidades exclusivamente interpessoais, como comunicação ou empatia. Estão exatamente no meio do caminho, integrando esses dois universos que, até pouco tempo, eram vistos como separados.

Para exemplificar, vamos imaginar o cenário de um médico no futuro próximo. Um sistema de IA pode diagnosticar com alta precisão um paciente, analisando milhões de dados em segundos, algo impossível para o ser humano. Mas comunicar esse diagnóstico ao paciente com empatia, tranquilizá-lo sobre as opções de tratamento e oferecer conforto emocional diante de uma notícia difícil são competências que apenas um ser humano pode dominar plenamente. O médico do futuro, portanto, precisa ter **fluência tecnológica e profunda empatia humana**. Ele é híbrido por definição.

Entretanto, não pense que essa necessidade é exclusiva de áreas altamente técnicas, como a medicina. Imagine um profissional do marketing: uma IA pode analisar métricas de campanhas anteriores, identificar padrões e sugerir estratégias futuras altamente eficientes. Mas cabe ao profissional humano decidir como comunicar essas ideias de modo criativo, contar histórias inspiradoras, entender nuances culturais e emocionais do público-alvo. Novamente, as habilidades híbridas se tornam fundamentais.

Provavelmente você esteja se perguntando quais são essas hybrid skills tão essenciais para seu futuro profissional. Vou listá-las a seguir, e nos capítulos seguintes, vamos nos aprofundar em cada uma delas.

AS 10 HYBRID SKILLS ESSENCIAIS

Para se destacar no futuro do trabalho, estas são as **10 hybrid skills essenciais** que todo profissional deveria começar a cultivar desde já:

1. **Pensamento crítico e tomada de decisão.** As máquinas podem analisar rapidamente grandes volumes de dados, mas são os seres humanos que precisam interpretar esses dados dentro de contextos complexos, ponderar dilemas éticos e

tomar decisões estratégicas alinhadas com os objetivos mais amplos da empresa e da sociedade.

2. **Inteligência emocional e adaptabilidade.** A IA pode otimizar processos, mas não compreende emoções humanas nem se adapta a contextos emocionais complexos. Empatia, autoconhecimento, autocontrole emocional e capacidade de adaptação contínua serão habilidades humanas cruciais.

3. **Criatividade e inovação.** Embora existam algoritmos capazes de gerar conteúdo e variações, a inovação disruptiva, aquela que rompe paradigmas, continua sendo um atributo humano singular. Saber pensar fora dos padrões estabelecidos será cada vez mais valorizado.

4. **Comunicação e persuasão.** Comunicar de maneira clara, contar histórias envolventes e convencer pessoas são habilidades profundamente humanas. Mesmo que a IA possa criar textos, vídeos ou imagens, apenas humanos conseguem entender sutilezas e construir conexões reais e profundas.

5. **Alfabetização em IA e tecnologia.** A capacidade de compreender como as tecnologias funcionam, como usá-las e integrá-las estrategicamente no dia a dia será uma habilidade básica, independentemente do setor. Ignorar a tecnologia será o equivalente futuro ao analfabetismo.

6. **Liderança na era da IA.** Gerenciar equipes híbridas, compostas por humanos e algoritmos, será um desafio singular. Liderar com empatia, delegar corretamente tarefas às máquinas e às pessoas e manter uma equipe motivada e produtiva serão habilidades essenciais de líderes híbridos.

7. **Resolução de problemas complexos.** A IA pode sugerir soluções baseadas em dados, mas situações inéditas ou problemas

que exijam improviso, imaginação e pensamento não linear continuam requerendo intervenção humana. Desenvolver um raciocínio flexível e dinâmico será essencial.

8. **Colaboração humano-IA.** Profissionais híbridos não competem com as máquinas – colaboram com elas. Aprender a trabalhar em harmonia com tecnologias inteligentes, explorando suas forças e compensando suas fraquezas, será uma habilidade altamente requisitada.

9. **Cultura de aprendizado contínuo.** Conhecimentos específicos tornam-se rapidamente obsoletos. O profissional do futuro precisa ser apaixonado por aprendizado, curioso, flexível e disposto a evoluir constantemente em habilidades ao longo de toda a carreira.

10. **Ética e responsabilidade digital.** Com o aumento do poder tecnológico nas mãos de indivíduos e organizações, cresce também a responsabilidade ética. Saber usar a IA com consciência, entendendo implicações sociais e morais, será um diferencial cada vez mais valorizado.

DESENVOLVENDO SUAS HYBRID SKILLS

Agora, você pode estar se perguntando: *Mas como desenvolver essas habilidades híbridas na prática?*

O primeiro passo é tomar consciência de sua importância e adotar uma postura proativa diante delas. Em vez de esperar que sua empresa forneça treinamentos específicos, comece agora mesmo a se capacitar por conta própria. Cursos on-line, livros, podcasts, comunidades digitais e eventos especializados são recursos preciosos que estão ao seu alcance imediatamente.

Outra recomendação prática é buscar projetos que integrem tecnologia ao seu trabalho atual. Sugira projetos-piloto envolvendo IA, automação ou robótica na equipe. Além de desenvolver competências híbridas, você ganha visibilidade e reconhecimento como um profissional inovador e atento às tendências.

Finalmente, é importante cultivar um ambiente pessoal e profissional de experimentação e aceitação ao erro. Afinal, desenvolver novas habilidades significa inevitavelmente cometer erros pelo caminho. A capacidade de aprender com eles, ajustando rotas e evoluindo, será tão importante quanto a habilidade inicial em si.

O FUTURO SERÁ DOS HÍBRIDOS

Como você pôde perceber, profissionais híbridos terão uma vantagem extraordinária em um mercado cada vez mais automatizado e competitivo. Combinar inteligências humanas e artificiais multiplica resultados, conseguindo níveis de produtividade e criatividade que nem humanos nem máquinas isoladamente poderiam alcançar.

Na nova economia digital, não há espaço para mentalidades rígidas, seja técnica ou emocionalmente. O mercado recompensará os fluentes na linguagem da tecnologia e profundamente humanos nas interações.

Por isso, o convite deste livro é claro: torne-se híbrido. Desenvolva essas habilidades, antecipe-se ao futuro e transforme a inteligência artificial em uma aliada poderosa de sua carreira e vida.

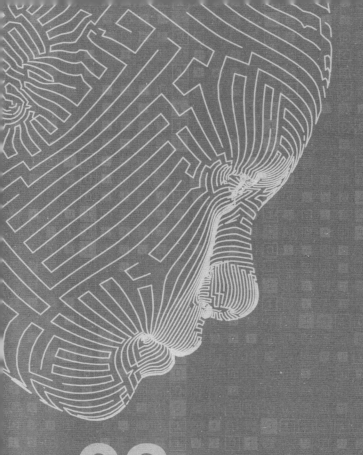

03.
PENSAMENTO CRÍTICO E TOMADA DE DECISÃO:
Indo além da lógica algorítmica

> **"Você nunca muda as coisas lutando contra a realidade existente ou resistindo a ela. Para mudar algo, construa um novo modelo que torne obsoleto o existente."**
>
> *Buckminster Fuller, inventor e futurista*[3]

Uma das grandes promessas da Inteligência Artificial é justamente a capacidade de tomar decisões rápidas baseadas na análise de grandes volumes de dados. De fato, algoritmos podem ler, interpretar e apresentar resultados impressionantes com base em milhões de pontos de informação. Mas será que toda decisão pode ser reduzida apenas a números e algoritmos?

É exatamente nesse ponto que entra o pensamento crítico, uma das hybrid skills mais importantes para os profissionais da nova economia. Apesar da enorme capacidade de processamento, as máquinas ainda têm dificuldades para avaliar contextos complexos, lidar com dilemas éticos, interpretar nuances emocionais e sociais ou considerar cenários altamente imprevisíveis.

O QUE É PENSAMENTO CRÍTICO?

Pensamento crítico é a capacidade de analisar, avaliar e interpretar informações com clareza, precisão e profundidade. Significa ser capaz

---

[3] VANCE, M.; DEACON, D. **Think Out of the Box**. Newburyport: Career, 1995. Esta citação surgiu da entrevista concedida por Buckminster Fuller a Mike Vance em 1983. (N. do P.)

de questionar as informações apresentadas, identificar premissas implícitas, reconhecer possíveis vieses e, acima de tudo, tomar decisões ponderadas mesmo diante da incerteza.

Imagine um algoritmo de IA que analisa milhões de dados para recomendar o fechamento de uma filial pouco lucrativa de uma empresa. Os números são claros: a filial não gera lucro suficiente para justificar a operação. Entretanto, o pensamento crítico humano precisa ir além. Um decisor atento também avaliará o impacto social, emocional e cultural que essa decisão poderia causar nas vidas dos funcionários, nas famílias envolvidas e na comunidade local. Poderia, inclusive, perceber oportunidades ocultas para melhorar o desempenho daquela filial, como investir em treinamento ou reposicioná-la estrategicamente em outro segmento.

A decisão crítica não ignora os dados da IA – pelo contrário, utiliza-os como ponto de partida. Mas vai além, examinando cenários alternativos, considerando variáveis intangíveis, analisando consequências sociais e humanas, e assim pode tomar uma decisão mais equilibrada e ética.

ARMA CONTRA A PADRONIZAÇÃO DAS DECISÕES

Com o avanço acelerado da IA, decisões baseadas exclusivamente em dados podem levar a um fenômeno preocupante: a padronização de estratégias e a falta de inovação. Se todos os concorrentes tomam decisões baseadas nos mesmos algoritmos e dados disponíveis, fatalmente chegarão às mesmas conclusões, eliminando o diferencial competitivo e levando ao efeito "rebanho".

Nesse cenário, profissionais que têm pensamento crítico tornam-se especialmente valiosos, justamente por questionarem as recomendações automáticas e por trazerem à tona perspectivas únicas. Enquanto um algoritmo pode dizer o que aconteceu historicamente, é o pensamento crítico humano que pode interpretar por que aconteceu e propor algo novo para o futuro.

Empresas como Apple são grandes exemplos da importância do pensamento crítico. Quando Steve Jobs decidiu lançar o primeiro iPhone, todos os dados disponíveis sugeriam que o aparelho seria um fracasso. Pesquisa após pesquisa indicava que as pessoas prefeririam teclados físicos e resistiam a telas sensíveis ao toque. Porém, Jobs olhou além dos números frios: ele acreditava que os consumidores não sabiam o que realmente queriam, porque nunca tinham experimentado algo assim antes. Sua decisão crítica, baseada na combinação de dados e visão estratégica, mudou para sempre o mercado de celulares.[4]

DESENVOLVENDO O PENSAMENTO CRÍTICO

Desenvolver essa habilidade não acontece da noite para o dia; exige prática constante, autoquestionamento, humildade intelectual e coragem para contrariar tendências estabelecidas. Mas existem algumas estratégias que você pode adotar para fortalecer seu pensamento crítico no dia a dia:

1. **Faça perguntas constantemente.** Sempre se questione: por que isso é feito dessa maneira? Quais premissas estão por trás dessa decisão? Há alternativas melhores que não estão sendo consideradas? O que aconteceria se fizéssemos diferente?

---

[4] RAY, B. Why the Apple Phone Will Fail, and Fail Badly. **The Register**, dez. 2006. Disponível em: www.theregister.com/2006/12/23/iphone_will_fail/?page=2. Acesso em: 5 maio 2025.

A curiosidade constante estimula o cérebro a considerar outras possibilidades e não aceitar cegamente respostas prontas.

2. **Busque informações divergentes.** Exponha-se ativamente a pontos de vista diferentes do seu. Leia opiniões contrárias a sua, discuta com pessoas de áreas e especialidades distintas e desafie as próprias convicções. Quanto mais perspectivas você acumular, mais robusta será sua capacidade crítica.

3. **Avalie os prós e os contras das decisões.** Adquira o hábito de listar sistematicamente as vantagens e desvantagens antes de decidir. Inclua consequências de curto e longo prazos, impacto humano e ético, além dos resultados econômicos ou imediatos. Isso o ajuda a tomar decisões mais completas e conscientes.

4. **Não confie cegamente nos algoritmos.** Valorize a informação analítica que a IA oferece, mas nunca aceite cegamente suas conclusões. Lembre-se de que algoritmos são ferramentas, e não substitutos da decisão humana. Eles podem ter vieses, erros ou limitações contextuais que você, com pensamento crítico, deve identificar.

5. **Aceite a complexidade.** Problemas complexos raramente têm soluções simples. Pessoas com pensamento crítico entendem que simplificações exageradas podem esconder armadilhas. Aprenda a navegar pela ambiguidade sem se desesperar por respostas rápidas e fáceis. É na complexidade que surgem as oportunidades mais interessantes.

PENSAMENTO CRÍTICO E ÉTICA

Outro componente essencial do pensamento crítico na nova economia digital é a ética. A IA amplifica não apenas o poder de decisão, mas também as consequências dessas decisões. Por exemplo, algoritmos podem definir quem recebe crédito em bancos, quem é contratado em processos seletivos e até mesmo quem recebe atendimento prioritário na saúde. Decisões enviesadas por algoritmos podem gerar exclusão social e injustiça.

Um exemplo emblemático do uso do pensamento crítico é o caso da Microsoft em 2016. Ao lançar um chatbot chamado Tay no Twitter, que aprendia com a interação dos usuários, a empresa rapidamente enfrentou um desastre: em poucas horas, o *bot* tornou-se agressivo e preconceituoso, influenciado por interações negativas e mal-intencionadas.[5] A lição aprendida? Não basta confiar cegamente em dados e algoritmos. É fundamental haver supervisão humana crítica para definir limites éticos e avaliar contextos sociais antes e durante a implementação tecnológica.

Outro exemplo está no setor de saúde. O Hospital Israelita Albert Einstein em São Paulo utiliza amplamente IA para apoiar diagnósticos. A instituição tem implementado diversas soluções baseadas em IA para aprimorar diagnósticos e tratamentos. Por exemplo, utiliza algoritmos para auxiliar na análise de exames de imagem, como radiografias de tórax, obtendo detecções mais rápidas e precisas de condições como pneumotórax.[6]

Além disso, o Einstein desenvolveu a plataforma Hstory, que emprega IA generativa para compilar e apresentar o histórico médico

---

[5] WOLF, M.; MILLER, K.; GRODZINSKY, F. Why We Should Have Seen that Coming: Comments on Microsoft's Tay "Experiment," and Wider Implications. **The ORBIT Journal**, v. 1, n. 2, p. 1-12, 2017. Disponível em: www.sciencedirect.com/science/article/pii/S2515856220300493. Acesso em: 5 maio 2025.

[6] Albert Einstein – Sociedade Beneficente Israelita Brasileira. **Informe de sostenibilidad**. 2023. Disponível em: https://www.einstein.br/DocumentosAcessoLivre/Einstein_Relatorio-de-Sustentabilidade-2023_digital_ESP.pdf. Acesso em: 5 maio 2025.

dos pacientes de maneira organizada, economizando tempo dos médicos durante as consultas.

No entanto, apesar dessas inovações tecnológicas, a decisão final sobre diagnósticos e tratamentos continua sendo responsabilidade dos médicos. Eles utilizam sua experiência e julgamento clínico para interpretar os resultados fornecidos pela IA considerando fatores emocionais, éticos e sociais que as máquinas não conseguem avaliar plenamente. Essa abordagem híbrida assegura que a tecnologia sirva como uma ferramenta de apoio, sem desprezar o papel insubstituível dos profissionais de saúde na tomada de decisões críticas.

Isso vale para profissionais de qualquer área. É de extrema importância ser crítico e buscar entender profundamente as implicações éticas de nossas decisões. Uma análise crítica bem-feita deve incluir questões como justiça, equidade, impacto social, privacidade e transparência. É necessário avaliar não apenas se algo é possível, mas se é correto, justo e benéfico.

O profissional híbrido do futuro terá nas mãos ferramentas poderosas. Mas o pensamento crítico e a capacidade de tomar decisões ponderadas e humanas, indo além da mera análise lógica e numérica, vão definir seu sucesso ou fracasso na nova economia digital.

PRINCIPAIS APRENDIZADOS

- Pensamento crítico é fundamental porque permite a avaliação profunda dos contextos além da lógica fria da inteligência artificial.
- Profissionais com pensamento crítico desafiam recomendações automáticas e evitam o pensamento padronizado.
- Combinar a precisão da IA com o olhar crítico e ético humano leva a decisões mais equilibradas e sustentáveis.
- Para desenvolver essa habilidade, é essencial praticar questionamento constante, aceitar a complexidade dos problemas e buscar diversidade de perspectivas.

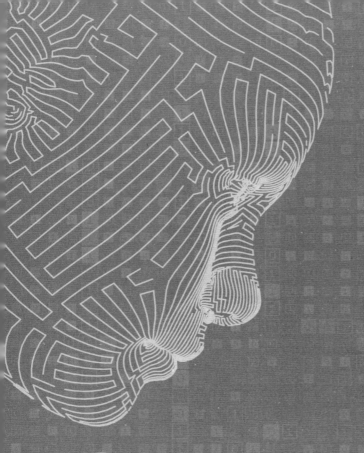

04.
INTELIGÊNCIA EMOCIONAL E ADAPTABILIDADE:
O diferencial humano em um mundo automatizado

> **"Grandes coisas nos negócios nunca são feitas por uma só pessoa, e sim por uma equipe."**
>
> *Steve Jobs*

Um dos grandes paradoxos da era da inteligência artificial é que, justamente quando a tecnologia avança rapidamente, características essencialmente humanas passam a ser ainda mais valorizadas. Entre essas habilidades, destacam-se especialmente duas: a inteligência emocional e a adaptabilidade.

À primeira vista, pode parecer contraditório. Por que, em um mundo movido por algoritmos poderosos e sistemas automatizados, habilidades emocionais seriam tão importantes? A resposta reside exatamente no contraste: quanto mais os processos forem automatizados e as decisões, padronizadas, maior será a necessidade de conexão, empatia e capacidade de adaptação humana. É impossível que essas competências sejam reproduzidas integralmente por algoritmos.

INTELIGÊNCIA EMOCIONAL: DIFERENCIAL COMPETITIVO

Inteligência emocional refere-se à capacidade de reconhecer, compreender e gerenciar as próprias emoções, assim como perceber e influenciar positivamente as emoções dos outros. No ambiente de trabalho atual, dominado pela automação, essa competência tem se tornado um diferencial decisivo por um motivo muito claro: máquinas não sentem emoções, não compreendem empatia e não conseguem criar relações genuínas com humanos.

Um exemplo disso pode ser encontrado nas áreas de liderança e gestão. Um gestor dotado de alta inteligência emocional percebe quando um membro da equipe está desmotivado ou ansioso, algo impossível para um algoritmo. Saber lidar com essas situações de modo empático melhora a produtividade e reduz o turnover da equipe, resultando em uma performance superior. Não por acaso, a pesquisa realizada pelo LinkedIn identificou a inteligência emocional como uma das competências mais valorizadas pelas grandes empresas atualmente.[7]

Tomemos como exemplo Satya Nadella, CEO da Microsoft. Ao assumir o cargo, em 2014, identificou que uma das maiores necessidades da empresa era melhorar o ambiente interno. Então implementou uma cultura baseada em empatia, colaboração e escuta ativa, o que transformou radicalmente a empresa, aumentando não apenas a motivação, mas também o desempenho.[8] Esse tipo de liderança empática, que utiliza inteligência emocional, é impossível para qualquer sistema automatizado e tem se mostrado determinante no sucesso organizacional.

ADAPTABILIDADE: O QUE DEFINE QUEM VENCE NO MUNDO DIGITAL

Ao lado da inteligência emocional, a adaptabilidade é outro componente crítico no futuro do trabalho. Adaptabilidade é a capacidade de

[7] PRADO, A. Inteligência emocional na liderança remota. **Redação LinkedIn**. 2025. Disponível em: https://www.linkedin.com/news/story/intelig%C3%AAncia-emocional-na-lideran%C3%A7a-remota-7213530/. Acesso em: 5 maio 2025.

[8] RAY, S. Empatia e inovação: como a mudança cultural da Microsoft impulsiona o desenvolvimento de novos produtos. **Microsoft**, mar. 2019. Disponível em: https://news.microsoft.com/pt-br/empatia-e-inovacao-como-a-mudanca-cultural-da-microsoft-impulsiona-o-desenvolvimento-de-novos-produtos/. Acesso em: 5 maio 2025.

se ajustar rapidamente às mudanças, sejam tecnológicas, econômicas, sociais ou culturais. E você provavelmente já está cansado de ouvir que, em um ambiente no qual novas tecnologias surgem continuamente e a velocidade das mudanças é cada vez maior, quem resistir à mudança estará inevitavelmente destinado à irrelevância.

Mas o que significa, de fato, ser adaptável?

Significa aceitar a mudança não como algo negativo ou desconfortável, e sim como uma oportunidade constante de aprendizado e evolução. No contexto atual, em que plataformas tecnológicas são atualizadas e profissões são reinventadas regularmente, profissionais adaptáveis não esperam a mudança: eles a buscam ativamente.

Um exemplo emblemático vem do setor financeiro: quando as fintechs começaram a surgir, revolucionando o setor bancário tradicional, profissionais e instituições adaptáveis prosperaram. Em contrapartida, instituições financeiras tradicionais que resistiram ou demoraram a adotar tecnologias digitais perderam clientes e espaço no mercado. Empresas como Nubank no Brasil e Revolut na Europa cresceram exatamente por terem abraçado rápido as tecnologias e oferecido soluções digitais inovadoras, impulsionadas por pessoas altamente adaptáveis e abertas à mudança.

COMO DESENVOLVER INTELIGÊNCIA EMOCIONAL E ADAPTABILIDADE?

Ambas as habilidades não são necessariamente fáceis de desenvolver, mas, assim como o pensamento crítico, com esforço e prática constante, é possível desenvolvê-las significativamente a partir de alguns pontos:

1. **Autoconhecimento.** O ponto inicial para fortalecer a inteligência emocional é investir no autoconhecimento. Ferramentas

práticas como feedback constante, meditação, terapia ou coaching são essenciais para identificar padrões emocionais próprios, fraquezas, forças e como as emoções afetam decisões.

2. **Escuta ativa.** Outra técnica essencial é a prática da escuta ativa. Isso significa ouvir verdadeiramente as pessoas ao redor, não apenas suas palavras, mas suas emoções implícitas, intenções e preocupações. Líderes emocionalmente inteligentes percebem sinais sutis que outros deixam passar, e são capazes de agir antes que problemas se agravem.

3. **Aprendizado com situações desconfortáveis.** Adaptabilidade é desenvolvida especialmente quando nos colocamos fora da zona de conforto. Ao enfrentar desafios ou mudanças, não resista: aprenda com cada situação. Pergunte-se sempre: "O que posso aprender aqui? Como posso melhorar?". Isso transforma toda mudança, mesmo as desconfortáveis, em uma oportunidade valiosa de crescimento pessoal.

4. **Valorização da diversidade.** Profissionais altamente adaptáveis valorizam equipes diversas, porque sabem que isso traz visões diferentes e ricas para enfrentar desafios. Não se restrinja a pessoas que pensam igual a você. Busque ativamente interações com pessoas de diferentes origens, gerações e formações. Quanto mais acesso a perspectivas diferentes você tiver, mais facilmente se adaptará às mudanças.

5. **Humildade intelectual.** Ser adaptável requer humildade suficiente para reconhecer que seu conhecimento atual pode estar desatualizado amanhã. Esteja sempre aberto a aprender com colegas mais jovens, pessoas de outros setores ou até mesmo a partir de experiências fracassadas. É a capacidade de reaprender constantemente que vai garantir seu sucesso a longo prazo.

QUEM DOMINA INTELIGÊNCIA EMOCIONAL E ADAPTABILIDADE?

Um grande exemplo que demonstra a importância dessas habilidades é Reed Hastings, presidente executivo da Netflix. Quando a empresa, originalmente uma locadora de DVDs físicos, viu surgir o streaming, precisou se reinventar completamente. Hastings liderou essa transição com alta adaptabilidade, mas também com profunda inteligência emocional, entendendo que mudanças drásticas afetariam emocionalmente funcionários e clientes. Ele foi tão bem-sucedido que fez da Netflix uma das maiores empresas de entretenimento do mundo.[9]

Outro caso é o da empresa LEGO. No início dos anos 2000, a empresa enfrentou uma crise financeira significativa, com prejuízos que chegaram a 200 milhões de dólares em 2003. Essa situação levou à nomeação de Jørgen Vig Knudstorp como CEO em 2004, marcando a primeira vez que um líder fora da família fundadora assumia o comando da empresa. Knudstorp implementou mudanças drásticas que foram cruciais para a recuperação da LEGO.[10]

Uma das estratégias adotadas foi a transformação cultural da empresa, capacitando os desenvolvedores para gerenciar o próprio trabalho, o que eliminou a necessidade de microgerenciamento e estimulou a criatividade e a autonomia. Além disso, a LEGO adotou uma abordagem mais colaborativa e adaptável, possibilitando a entrega de produtos mais alinhados às expectativas do mercado.[11]

[9] HASTINGS, R.; MEYER, E. **A regra é não ter regras**: a Netflix e a cultura da reinvenção. Tradução de Alexandre Raposo. Rio de Janeiro: Intrínseca, 2020.

[10] O'CONNELL, A. Lego CEO Jørgen Vig Knudstorp on Leading Through Survival and Growth. **Harvard Business Review**, jan. 2009. Disponível em: https://hbr.org/2009/01/lego-ceo-jorgen-vig-knudstorp-on-leading-through-survival-and-growth. Acesso em: 5 maio 2025.

[11] WILLIAMS, E. The Turnaround Expert of the Century. **Global Leaders**, fev. 2021. Disponível em: https://globalleaderstoday.online/the-turnaround-expert-of-the-century/. Acesso em: 5 maio 2025.

Atualmente, a LEGO é reconhecida por sua capacidade de inovação adaptável e colaborativa. Um exemplo disso é a plataforma LEGO Ideas, lançada em 2008, que permite que qualquer pessoa crie e compartilhe os próprios conjuntos LEGO. A empresa seleciona algumas dessas ideias para produção em larga escala, recompensando os autores com uma porcentagem da receita. Essa iniciativa evoluiu para uma comunidade de 2,8 milhões de clientes, que produziram 135 mil ideias para conjuntos, gerando receitas significativas para a empresa.

Quanto à incorporação de tecnologias de IA, a LEGO tem explorado seu uso em diversas áreas. Por exemplo, pesquisadores desenvolveram sistemas que geram modelos LEGO personalizados a partir de imagens 2D, utilizando técnicas de IA para converter fotografias em instruções de montagem de modelos tridimensionais.[12]

Além disso, a plataforma BricksRL foi criada para democratizar o acesso à robótica e ao aprendizado por reforço, permitindo a criação e o treinamento de robôs LEGO personalizados no mundo real, integrando-os com bibliotecas de IA para agentes de aprendizado por reforço.[13]

E esses são apenas alguns exemplos. No mercado futuro, a tecnologia é essencial, mas não suficiente. Será a capacidade profundamente humana de adaptação constante e de conexão emocional que definirá quem se destacará na economia digital.

---

[12] GANDHARV, K. AI Now Builds 3D LEGO from 2D Images. **Analytics India Magazine**, 29 ago. 2021. Disponível em: https://analyticsindiamag.com/ai-features/ai-now-builds-3d-lego-from-2d-images/. Acesso em: 5 maio 2025.

[13] *Ibidem*

PRINCIPAIS APRENDIZADOS

- Inteligência emocional e adaptabilidade são fundamentais em um mundo no qual máquinas dominam tarefas operacionais.
- Inteligência emocional permite criar conexões profundas, gerenciar equipes de maneira eficaz e liderar com empatia.
- Adaptabilidade garante que profissionais e empresas se ajustem rapidamente a mudanças tecnológicas e de mercado.
- Desenvolver essas habilidades requer autoconhecimento, escuta ativa, aprendizado com situações desconfortáveis, valorização da diversidade e humildade intelectual.
- Exemplos reais como Microsoft, Netflix e LEGO mostram como essas habilidades são essenciais para o sucesso organizacional no mundo digital.

05.
CRIATIVIDADE E INOVAÇÃO:
Por que as máquinas não substituem a capacidade humana de criar

> **"A tecnologia só é tecnologia para quem nasceu antes de ela ter sido inventada."**
>
> *Alan Kay*[14]

A inteligência artificial pode ser incrivelmente eficiente para analisar dados, identificar padrões, gerar rapidamente milhares de alternativas e até criar variações interessantes de textos, imagens ou ideias pré-existentes. Mas será que pode ser verdadeiramente criativa ou inovadora?

Aqui está um dos pontos mais fundamentais das hybrid skills: por mais sofisticados que sejam os algoritmos, por mais rápida que seja a tecnologia, a criatividade autêntica – aquela capaz de romper paradigmas, criar mercados inteiramente novos e alterar profundamente comportamentos – continua sendo um território predominantemente humano.

O QUE REALMENTE É CRIATIVIDADE E INOVAÇÃO?

Criatividade é a capacidade de gerar ideias novas e úteis. Não se trata apenas de ideias originais, mas de ideias que podem resolver problemas reais e agregar valor significativo. Já a inovação vai além: trata-se

---

[14] Frase de Alan Kay na Hong Kong Press Conference, realizada nos anos 1980. (N. do P.)

de implementar essas ideias criativas de maneira prática e sustentável, produzindo transformações reais no mercado ou na sociedade.

Essa distinção é importante, pois, embora algoritmos possam, sim, gerar ideias originais, ainda lhes falta a visão, o propósito e o julgamento necessários para transformar uma ideia promissora em uma inovação impactante e real.

A principal razão pela qual a criatividade humana segue como diferencial é que a verdadeira criatividade nasce da capacidade de conectar ideias aparentemente desconexas, de compreender nuances culturais, emocionais e sociais, e de desafiar a lógica tradicional. Máquinas operam dentro de limites estabelecidos por seus códigos, dados e objetivos específicos. Humanos, por outro lado, são capazes de pensar fora dessas fronteiras com facilidade, criando soluções disruptivas onde algoritmos tendem a repetir padrões já conhecidos.

Pense no surgimento de empresas que revolucionaram mercados inteiros, como o Airbnb. O conceito inicial dessa empresa – abrir as portas das casas de estranhos para receber hóspedes desconhecidos – parecia absurdo pela perspectiva tradicional. Nenhum algoritmo de análise de mercado naquela época indicaria que essa seria uma boa ideia, porque simplesmente não havia histórico, dados ou precedentes para algo semelhante. Foi a capacidade profundamente humana de imaginar cenários inéditos, arriscar e inovar que permitiu a criação dessa plataforma multibilionária.[15]

Outro exemplo clássico é o Spotify. Antes de seu lançamento, a indústria musical enfrentava graves problemas com pirataria digital. Muitas empresas tentaram combater esse problema apenas

---

[15] HARTMANS, A.; LESKIN, P.; LATU, D.; LI, K. The rise of Airbnb CEO Brian Chesky, Who Got his Start Renting Out Air Mattresses on his Floor. **Business Insider**, 2025. Disponível em: www.businessinsider.com/airbnb-ceo-brian-chesky-30-billion-startup-2016-8/. Acesso em: 5 maio 2025.

com soluções legais ou restritivas. O Spotify, porém, percebeu que poderia resolver a questão criando uma experiência melhor que a pirataria – oferecendo acesso fácil, barato e ilimitado à música legalmente. Mais uma vez, uma inovação disruptiva que nasceu da criatividade humana em perceber oportunidades onde outros viam apenas crise.[16]

O papel da tecnologia não é substituir a criatividade humana, e sim potencializá-la. Plataformas baseadas em inteligência artificial podem ajudar profissionais criativos a explorar centenas de ideias rapidamente, oferecendo caminhos inesperados e novos insights. Porém, cabe ao ser humano selecionar, refinar e dar sentido a essas sugestões, transformando-as em inovações valiosas.

Por exemplo, profissionais de marketing atualmente usam plataformas de IA que sugerem variações de campanhas e textos. Essas ferramentas permitem testar rapidamente inúmeras abordagens diferentes. Entretanto, decidir qual dessas abordagens realmente tocará o coração do consumidor, alinhando-se com valores culturais e emocionais profundos, ainda é uma tarefa essencialmente humana.

COMO DESENVOLVER A CRIATIVIDADE EM UM MUNDO AUTOMATIZADO?

Para prosperar na economia digital, a criatividade precisa ser cultivada como uma habilidade fundamental em qualquer profissão ou setor, e algumas práticas e estratégias podem ajudar você a aumentar significativamente seu potencial criativo e inovador. Vamos a elas!

---

[16] KEEPING Pirates at Bay. **The Economist**, 5 set. 2009. Disponível em: www.economist.com/technology-quarterly/2009/09/05/keeping-pirates-at-bay. Acesso em: 5 maio 2025.

1. **Promova o pensamento lateral.** Pensamento lateral significa buscar soluções não óbvias para problemas aparentemente simples. É fugir do convencional. Um exercício prático é perguntar frequentemente: "E se fizermos o contrário?" ou "Como um setor totalmente diferente resolveria esse problema?".

2. **Faça conexões inesperadas.** Quanto mais ampla sua base de conhecimento, mais conexões criativas poderá fazer. Por isso, procure constantemente aprender algo fora da sua área principal. Um profissional de marketing pode aprender sobre biologia; um médico pode estudar arte ou tecnologia; um engenheiro pode explorar filosofia. Essas conexões improváveis frequentemente levam a inovações surpreendentes.

3. **Não tenha medo do fracasso criativo.** A criatividade só floresce em ambientes que permitem erros e experimentação. Empresas como Google, Amazon e 3M têm culturas nas quais se estimulam abertamente experimentos, mesmo sabendo que muitos falharão.[17] Não por acaso, essas empresas são líderes em inovação. Esteja disposto a errar para encontrar novas soluções.

4. **Interaja com pessoas criativas.** A criatividade é contagiosa. Estar cercado por pessoas que pensam fora da caixa estimula você a fazer o mesmo. Busque constantemente contato com profissionais de outras áreas, participe de eventos multidisciplinares e cultive redes que valorizam ideias inovadoras.

---

[17] HOFERER, S. The Secrets Behind 3M's Innovation Labs and Collaborative Culture. **Itonics**, 22 abr. 24. Disponível em: www.itonics-innovation.com/blog/3m-innovation-labs/. Acesso em: 5 maio 2025.

5. **Use a tecnologia a seu favor.** Utilize ferramentas digitais e inteligência artificial para gerar novas ideias e realizar testes rápidos. A combinação entre insight humano e capacidade tecnológica é uma fórmula poderosa para acelerar a inovação em qualquer área.

EMPRESAS QUE PROSPERARAM PELA CRIATIVIDADE

Um caso clássico de criatividade aplicada é a Tesla. Ao propor um carro elétrico ambientalmente correto, desejável, rápido e tecnologicamente avançado, Elon Musk revolucionou uma indústria inteira estagnada havia décadas. Nenhum algoritmo, na época, recomendaria desafiar gigantes do mercado automobilístico com um produto elétrico de alta performance e alta qualidade. Foi a visão criativa e corajosa de Musk que fez da Tesla um gigante global e uma referência em inovação disruptiva.[18]

Outro exemplo é a Pixar, empresa conhecida por sua capacidade criativa excepcional. A Pixar usa tecnologias avançadas de animação por computador, mas o que realmente diferencia seus filmes é a profundidade emocional e a criatividade das histórias, escritas por roteiristas humanos que entendem profundamente as nuances emocionais das audiências. A tecnologia da Pixar amplifica essa criatividade humana, mas não a substitui.[19]

O mercado futuro não valorizará simplesmente aqueles capazes de realizar tarefas rápidas e baratas (isso as máquinas farão

[18] WESTERHEIDE, C. Tesla Is Working on a New Manufacturing Process Called "Unboxing". **Electrive**, 9 abr. 2024. Disponível em: www.electrive.com/2024/04/09/tesla-is-probably-working-on-a-new-production-logic-called-unboxing/. Acesso em: 5 maio 2025.

[19] SNIDER, B. The Toy Story story. **Wired**, 1 dez. 1995. Disponível em: www.wired.com/1995/12/toy-story/. Acesso em: 5 maio 2025.

com maestria), mas sim os que conseguirem pensar além do óbvio, criando soluções novas, humanas e disruptivas.

A criatividade será o coração da inovação. E a inovação será a força mais poderosa para prosperar em mercados saturados ou altamente competitivos.

PRINCIPAIS APRENDIZADOS

- Máquinas podem gerar ideias originais, mas não criam inovações verdadeiramente disruptivas.
- Criatividade humana envolve conexões inusitadas, pensamento lateral e compreensão emocional profunda.
- A IA complementa, mas não substitui, a criatividade humana.
- Para desenvolver criatividade, é preciso sair da zona de conforto, fazer conexões improváveis, abraçar o fracasso e usar tecnologia para testar ideias rapidamente.

06.
COMUNICAÇÃO E PERSUASÃO:
O poder das histórias humanas em um mundo digital

> ## "Criatividade é inteligência se divertindo."
> *Albert Einstein*

Em um mundo cada vez mais dominado pela inteligência artificial, a capacidade de se comunicar de forma clara, envolvente e persuasiva torna-se uma habilidade essencial para qualquer profissional que deseja se destacar. Apesar dos avanços impressionantes na geração automatizada de conteúdo, há uma coisa que máquinas ainda não dominam: o poder emocional e persuasivo das histórias genuinamente humanas.

Máquinas conseguem, de fato, produzir textos convincentes e eficientes. Ferramentas como ChatGPT podem gerar conteúdos úteis e precisos em segundos, otimizados para desempenho em buscas e com grande alcance em plataformas digitais. Porém, comunicar-se não se limita apenas a transmitir informações precisas. Comunicar envolve também conexão emocional, empatia, autenticidade e, acima de tudo, persuasão genuína – elementos que, por mais sofisticada que seja, uma IA não é plenamente capaz de reproduzir.

Uma máquina pode explicar tecnicamente as vantagens de um produto ou serviço com clareza; mas apenas um ser humano pode contar uma história que faça um cliente se sentir verdadeiramente entendido e motivado a agir. É nesse espaço humano, profundamente emocional e relacional, que profissionais híbridos se destacarão decisivamente.

A IMPORTÂNCIA DAS HISTÓRIAS

O storytelling tem um papel central em todas as formas de comunicação e persuasão humanas. Historicamente, desde os tempos ancestrais, usamos histórias para ensinar, persuadir, inspirar e conectar emocionalmente uns aos outros. Em um contexto digital saturado de informação, histórias poderosas se tornam ainda mais valiosas, pois capturam atenção, despertam emoções e geram conexões profundas que nenhum algoritmo pode replicar integralmente.

Considere empresas como a Nike e a Coca-Cola. Essas marcas não vendem apenas produtos; vendem histórias de superação, felicidade, união e propósito que conectam emocionalmente milhões de consumidores. Poderiam algoritmos sugerir campanhas criativas? Sim. Mas a decisão final de criar campanhas que se conectam com o coração do público é uma tarefa profundamente humana, baseada em empatia genuína, valores compartilhados e compreensão de aspirações sociais.

O DIFERENCIAL HUMANO DECISIVO

Por mais que muitas pessoas ainda confundam, persuasão não significa manipulação. Persuasão é a capacidade de influenciar positivamente as pessoas a tomarem decisões benéficas para elas mesmas ou para uma organização. Em uma era digital na qual milhões de mensagens disputam atenção diariamente, destacar-se exigirá mais do que dados corretos e análises frias.

Imagine um vendedor ou um líder que apresenta um projeto a investidores usando exclusivamente números e gráficos técnicos.

Ele pode até ser eficiente, mas dificilmente será inspirador. Agora imagine outro profissional que, além dos dados, conta uma história pessoal, cria identificação emocional com o público e gera entusiasmo genuíno pela visão que está propondo. Esse segundo profissional será mais persuasivo porque atingirá corações, e não apenas mentes. E, nesse quesito, o humano ainda domina plenamente.

COMO DESENVOLVER COMUNICAÇÃO E PERSUASÃO EM TEMPOS DIGITAIS?

Em um mundo onde a inteligência artificial ganha cada vez mais protagonismo, a comunicação humana se torna ainda mais estratégica – e, paradoxalmente, mais valiosa. A capacidade de expressar ideias com clareza, tocar emocionalmente as pessoas e inspirar ações concretas nunca foi tão essencial. Máquinas podem processar dados, gerar textos e até simular conversas, mas ainda não conseguem reproduzir com autenticidade a empatia, a vulnerabilidade e a intuição humana.

É por isso que, para se destacar e influenciar em tempos digitais, não basta apenas dominar ferramentas tecnológicas – é preciso dominar também a arte da conexão genuína. A comunicação eficaz hoje exige muito mais do que saber falar bem. Ela demanda sensibilidade, estratégia e humanidade.

Se você deseja aumentar seu poder de influência, persuadir equipes, engajar audiências ou vender ideias com mais impacto, precisa desenvolver habilidades que unam clareza, emoção e inteligência contextual. A seguir, compartilho estratégias práticas que podem potencializar sua capacidade de comunicação e persuasão nessa nova era dominada por dados e algoritmos – mas também, mais do que nunca, por pessoas em busca de significado.

1. **Domine o storytelling.** Aprenda a contar boas histórias. Estude casos famosos, como os discursos de Steve Jobs, campanhas publicitárias icônicas ou discursos de líderes como Barack Obama. A estrutura básica das boas histórias – um conflito, uma jornada, um aprendizado e uma transformação – sempre funciona para prender atenção e envolver pessoas.

2. **Seja autêntico e vulnerável.** Humanos valorizam autenticidade. Não tente esconder suas fraquezas ou vulnerabilidades ao comunicar-se. Histórias autênticas, mesmo imperfeitas, geram empatia imediata. Lembre-se: máquinas não têm vulnerabilidades reais; você, sim. E esse pode ser seu diferencial.

3. **Desenvolva escuta ativa.** A comunicação eficaz começa com a prática de ouvir com atenção. Ao entender profundamente as necessidades, desejos e expectativas do outro, você constrói mensagens persuasivas que respondem exatamente às aspirações do público. Antes de falar, escute genuinamente.

4. **Personalize sua comunicação.** Em uma época de automação massiva, mensagens personalizadas se destacam. Quanto mais você puder customizar sua comunicação, demonstrando entender profundamente quem é seu público e quais são suas dores e aspirações, mais eficaz será sua mensagem.

5. **Combine dados e emoções.** A IA trará dados preciosos para embasar sua comunicação. Use-os, mas vá além: traduza esses dados em histórias humanas, emocione as pessoas com o impacto positivo das decisões que sugere. Mostre como as decisões recomendadas são boas não apenas numericamente, mas também emocional e socialmente.

O PODER DA COMUNICAÇÃO PERSUASIVA NO MUNDO ATUAL

Um exemplo extraordinário dessa combinação entre comunicação eficaz e tecnologia está na Apple. Conhecida não apenas pela qualidade de seus produtos, mas pela excepcional habilidade em comunicá-los, desde Steve Jobs até Tim Cook, a Apple não vende tecnologia, vende sonhos e experiências, muitas vezes usando poucas palavras e imagens simples, mas impactantes. Nenhum algoritmo sozinho conseguiria gerar tamanha conexão emocional em suas apresentações.

Outro exemplo é Barack Obama. Sua habilidade comunicativa era baseada não apenas em dados ou fatos, mas em narrativas humanas profundamente emocionais. Suas campanhas e discursos frequentemente integravam dados sólidos com histórias reais, criando conexões poderosas que mobilizavam milhões de pessoas ao redor do mundo.[20]

Assim como esses grandes exemplos, profissionais híbridos reconhecem que a comunicação do futuro será colaborativa. Inteligência artificial poderá fornecer insights sobre o comportamento do consumidor, analisar padrões de comunicação bem-sucedidos e ajudar a otimizar conteúdos rapidamente. Mas é o profissional que trará o toque humano decisivo: autenticidade, empatia, criatividade, compreensão profunda de contextos emocionais e culturais.

---

[20] PERETZ, G.; PERETZ, N. **Obama's Secrets**: How to Speak and Communicate with Power and a Little Magic. CreateSpace Independent Publishing Platform, 2011.

PRINCIPAIS APRENDIZADOS

- Comunicação eficaz vai além de transmitir informações; ela conecta emocionalmente.
- IA pode gerar conteúdo, mas não pode substituir empatia, vulnerabilidade e conexão emocional humanas.
- Para desenvolver comunicação persuasiva, aprenda storytelling, seja autêntico, personalize suas mensagens e combine emoção e dados.
- Ética e empatia serão fatores fundamentais para assegurar que comunicação persuasiva seja positiva e construtiva.

Profissionais híbridos reconhecem que a comunicação do futuro será colaborativa.

Domine as hybrid skills
@juniorborneli

07.
ALFABETIZAÇÃO EM IA E TECNOLOGIA:
Fluência digital para o profissional híbrido

> **"A única maneira de fazer um excelente trabalho é amar o que você faz."**
>
> *Steve Jobs*[21]

Há algumas décadas, era comum ouvir que, para ser competitivo no mercado de trabalho, bastava aprender inglês ou dominar ferramentas básicas de informática, como Excel e PowerPoint. Hoje, essas competências tornaram-se praticamente universais e não são mais diferenciais significativos. Estamos vivendo uma nova virada tecnológica: a alfabetização digital agora vai muito além dos softwares básicos. O profissional híbrido do futuro precisará ter uma fluência profunda em inteligência artificial, automação, robótica e novas tecnologias emergentes. Chamamos essa nova competência essencial de **alfabetização em IA e tecnologia**.

O QUE SIGNIFICA SER ALFABETIZADO EM IA E TECNOLOGIA?

Alfabetização tecnológica, sobretudo em IA, não significa apenas saber que a inteligência artificial existe ou conhecer superficialmente as últimas tendências tecnológicas. Ela envolve algo mais profundo:

---

[21] "The only way to do great work is to love what you do", discurso de Steve Jobs para os formandos na Universidade de Stanford, em 2005. Disponível em: https://news.stanford.edu/stories/2005/06/youve-got-find-love-jobs-says/. Acesso em: 5 maio 2025.

entender como a tecnologia funciona, saber utilizá-la de maneira estratégica e, principalmente, integrá-la plenamente a seu trabalho diário. Isso inclui conhecer as potencialidades, as limitações, os riscos e as implicações éticas de diferentes ferramentas tecnológicas.

Para o profissional híbrido, a tecnologia deixa de ser um elemento opcional ou secundário. Ela passa a ser parte essencial da estratégia profissional. Assim como aprender a ler e escrever é fundamental para participar ativamente da sociedade, dominar tecnologias inteligentes será igualmente indispensável para competir no mercado de trabalho futuro.

Pense na IA como o novo inglês. Quem não a dominar terá sérias limitações no mercado profissional. Isso não significa que todos precisarão ser especialistas técnicos em programação ou engenharia, mas certamente todos precisarão entender como a IA influencia suas áreas de atuação e saber como utilizá-la de maneira eficaz.

Um gerente financeiro que domina a IA pode usar ferramentas avançadas para prever resultados econômicos com mais precisão. Um educador que compreende o funcionamento da inteligência artificial pode transformar completamente sua prática pedagógica. Ele pode utilizar plataformas adaptativas para personalizar o ritmo e o conteúdo das aulas de acordo com o perfil de cada aluno, identificar precocemente dificuldades de aprendizagem por meio de análises preditivas e até criar experiências mais envolventes com o uso de assistentes virtuais, realidade aumentada e recursos interativos. Além disso, ao entender como os algoritmos funcionam, esse educador pode ensinar pensamento crítico e letramento digital aos alunos, preparando-os melhor para o futuro. Médicos que compreendem ferramentas de IA poderão fazer diagnósticos mais precisos e rápidos, salvando vidas. Em outras palavras, o profissional que domina a IA potencializa enormemente seu desempenho em qualquer área.

COMO DESENVOLVER ALFABETIZAÇÃO EM IA NA PRÁTICA?

Até aqui, já deixei mais do que claro que é necessário compreender os fundamentos da IA e saber utilizá-la para potencializar seu trabalho se não quiser ser deixado para trás. Agora, vamos para a prática. O que você de fato precisa fazer para dominar melhor essa área é:

1. **Estudar os fundamentos da IA.** Não é preciso se tornar um programador avançado, mas você precisa entender conceitos básicos como *machine learning*, *deep learning* (aprendizagem profunda), *big data* (macrodados), algoritmos e automação. Há inúmeros livros e cursos on-line acessíveis que podem ajudar com isso rapidamente.

2. **Experimentar diariamente ferramentas tecnológicas.** Pratique no dia a dia com ferramentas de IA que já existem, como ChatGPT, plataformas de automação como Zapier, assistentes de voz ou mesmo softwares específicos da sua profissão. Quanto mais você se expuser à tecnologia, mais natural será seu uso estratégico no futuro.

3. **Aprender a interpretar dados.** A alfabetização tecnológica não se resume à operação da tecnologia; também é preciso compreender os resultados. Aprenda a interpretar dados e métricas, transformando-os em insights estratégicos para decisões inteligentes.

4. **Não terceirizar o domínio tecnológico.** Não fique simplesmente esperando a empresa fornecer treinamentos. Busque

ativamente aprender por conta própria. Empresas valorizam profissionais autodidatas, proativos e capazes de se manter atualizados continuamente.

COMO PROFISSIONAIS DOMINARAM IA E SE DESTACARAM NO MERCADO

A empresa brasileira Magazine Luiza é um exemplo vibrante de como a inteligência artificial pode ser aplicada com criatividade, estratégia e retorno real para os negócios. Um dos maiores símbolos dessa transformação é a Lu, a influenciadora virtual da marca. O que começou como uma assistente digital ganhou uma nova dimensão com o uso de IA generativa: hoje, a Lu não apenas responde a dúvidas dos consumidores, mas **atua diretamente como uma vendedora digital de alta performance**.

Com uma personalidade carismática, linguagem acessível e capacidade de analisar milhões de dados em tempo real, a Lu é capaz de recomendar produtos personalizados com base em preferências individuais, comportamento de compra e histórico de navegação. O resultado? Conversões mais rápidas, maior ticket médio e uma experiência de compra surpreendente – tudo isso **em escala massiva**.

A Lu já se tornou um dos maiores ativos da Magalu: ela não só humaniza a tecnologia como **gera impacto direto em vendas e receita**. Com a força da IA, ela conversa com milhões de consumidores simultaneamente, conduz decisões de compra e fideliza clientes com um nível de personalização que seria impossível manualmente. O que antes era um diferencial, agora é uma vantagem competitiva exponencial. A Lu é, sem exagero, o futuro do varejo em ação.

Além disso, a Magazine Luiza tem promovido a capacitação de seus colaboradores no uso de ferramentas de IA, reconhecendo a importância da atualização profissional em um mercado cada vez mais orientado por tecnologias avançadas. Profissionais que desenvolvem habilidades em IA tornam-se mais competitivos e relevantes no mercado de trabalho atual.[22]

Essas iniciativas resultaram em melhorias no atendimento ao cliente, processos mais ágeis e precisos e um crescimento significativo da empresa, consolidando a Magazine Luiza como referência em inovação no varejo brasileiro.

Outro exemplo vem do setor de saúde, com a startup brasileira Laura. Fundada em 2016, a Laura desenvolveu uma plataforma de inteligência artificial que antecipa em até 12 horas os alertas de deterioração clínica, permitindo intervenções precoces por parte das equipes médicas.

A implementação dessa tecnologia resultou em benefícios como: redução de 25% na taxa de mortalidade hospitalar; diminuição de 7 horas no tempo médio de internação por paciente; e economia financeira significativa para os hospitais.[23]

Profissionais de saúde que utilizam e interpretam os dados fornecidos pela Laura conseguem agir preventivamente, melhorando a qualidade do atendimento. Esse cenário evidencia que a alfabetização em IA não substitui os profissionais de saúde, mas os potencializa.

Naturalmente, há resistência. Muitos profissionais pensam que IA é complicada demais, algo destinado apenas a engenheiros ou técnicos. Mas isso é um equívoco. A IA, embora complexa por trás das

---

[22] CÉREBRO da Lu e escritórios inteligentes: como Magazine Luiza usa IA. **Forbes**, 24 ago. 2023. Disponível em: https://forbes.com.br/forbes-tech/2023/08/cerebro-da-lu-e-escritorios-inteligentes-como-magalu-usa-ia/. Acesso em: 5 maio 2025.

[23] JUNIOR, J. R. Como a morte de uma recém-nascida ajudou na criação de Laura, um robô que salva 18 vidas por dia. **Future Health**, 5 out. 2020. Disponível em: https://futurehealth.cc/laura-robo-que-salva-18-vidas-por-dia/. Acesso em: 5 maio 2025.

cortinas, é cada vez mais simples para usuários comuns. Plataformas são desenhadas para serem intuitivas. A barreira real não é técnica, mas psicológica. Quem romper essa barreira primeiro sairá à frente.

Um exemplo poderoso de alfabetização tecnológica aplicada com sucesso vem da fintech Nubank. A empresa rapidamente integrou inteligência artificial em praticamente todas as áreas de sua operação – do combate a fraudes à personalização do atendimento ao cliente. Mas o que realmente chama a atenção é como essa tecnologia sofisticada foi usada não para complicar, mas para **simplificar**. A experiência do usuário no aplicativo do Nubank é uma das mais fluidas e intuitivas do mercado, justamente porque, por trás da simplicidade, existem algoritmos inteligentes que aprendem com os hábitos dos clientes, antecipam demandas, automatizam processos e tornam as interações mais humanas e eficientes.

Ao mesmo tempo, internamente, o Nubank promoveu uma verdadeira jornada de capacitação de seus times. Equipes inteiras foram treinadas para utilizar e interpretar dados com mais precisão, tomar decisões em tempo real e trabalhar lado a lado com algoritmos – sem precisar ser programador ou especialista técnico. Essa cultura de alfabetização em IA permitiu que os profissionais crescessem junto com a empresa, se tornassem mais estratégicos e valorizados, e fossem reconhecidos pelo mercado como talentos preparados para os desafios do futuro.

O que a história do Nubank mostra com clareza é que a IA não é uma barreira intransponível. Ao contrário: quando bem aplicada, ela **facilita a vida**, empodera pessoas e transforma o que parecia complexo em algo acessível, útil e poderoso.

PRINCIPAIS APRENDIZADOS

- Alfabetização em IA e tecnologia será tão essencial quanto ler e escrever foram no passado.
- Dominar IA significa entender como ela funciona, como utilizá-la estrategicamente e como interpretar resultados.
- A resistência à alfabetização digital será a principal causa de obsolescência profissional.
- Profissionais proativos que buscarem por conta própria o domínio tecnológico terão enormes vantagens estratégicas no mercado.

08.
LIDERANÇA NA ERA DA IA:
Como gerenciar equipes híbridas com humanos e máquinas

> **"O que sabemos é uma gota, o que ignoramos é um oceano."**
>
> *Isaac Newton*

Se liderar equipes compostas por pessoas já é um desafio significativo, imagine então gerenciar equipes híbridas, em que humanos colaboram diretamente com inteligências artificiais e robôs. Estamos entrando rapidamente em uma nova era de liderança – a Era da Liderança Híbrida, que exigirá uma transformação radical nas competências tradicionais dos gestores, que precisarão saber exatamente quais tarefas delegar para pessoas ou máquinas e como integrá-los eficientemente.

Não é mais suficiente ter apenas competências técnicas ou interpessoais. Agora é necessário algo mais profundo: a capacidade de entender tanto de psicologia humana quanto de tecnologia, algoritmos e automação.

Primeiro, porque a presença de máquinas inteligentes no trabalho pode causar ansiedade e insegurança nas equipes humanas. Funcionários podem sentir-se ameaçados, preocupados em perder relevância ou empregos. Um líder híbrido precisa ser especialmente hábil em gerenciar emoções e expectativas, reforçando constantemente a ideia de que a tecnologia veio para ajudar, e não para substituir.

Em segundo lugar, a liderança híbrida exige uma compreensão profunda das capacidades tecnológicas. Líderes precisam entender o suficiente sobre IA para decidir quais processos podem ser automatizados e quais devem permanecer sob controle humano. Um erro comum é delegar às máquinas tarefas que exigem empatia ou insights humanos, enquanto humanos seguem presos em atividades repetitivas. Saber balancear corretamente é crucial.

Percebe o tamanho do desafio da liderança nesta nova era?

COMPETÊNCIAS-CHAVE DA LIDERANÇA HÍBRIDA

Estamos vivendo um momento de transição, e cabe ao líder saber equilibrar todas as pontas. Por isso, existem competências específicas que devemos desenvolver para nos tornar líderes híbridos de excelência. São elas:

1. **Empatia avançada.** Líderes híbridos precisam de empatia aguçada para entender profundamente como cada funcionário humano se sente em relação à presença crescente das máquinas. A empatia ajuda a reduzir a ansiedade, aumentar a confiança na automação e criar um ambiente emocionalmente saudável, no qual as pessoas não se sentem ameaçadas pelas tecnologias emergentes.

2. **Capacidade de integrar talentos humanos e IA.** O líder híbrido é como um maestro conduzindo uma orquestra mista, composta por músicos humanos e virtuais. Sua função é garantir que cada um atue onde tem mais força, criando harmonia e evitando atritos ou desperdícios de potencial. Por exemplo, delegar aos robôs atividades rotineiras enquanto

os humanos são liberados para inovação e criatividade é um exemplo perfeito dessa capacidade de integração.

3. **Visão estratégica tecnológica.** Liderar na era da IA exige que o líder entenda não apenas da tecnologia em si, mas também tenha visão estratégica. Deve antecipar como as tecnologias emergentes afetarão sua área nos próximos anos e preparar sua equipe desde já. Líderes estratégicos começam cedo, implementam testes e preparam as pessoas para mudanças graduais, evitando choques culturais repentinos.

4. **Comunicação clara e empática.** Líderes híbridos precisam comunicar claramente como a automação será implementada, quais serão os impactos para as equipes e como as pessoas serão beneficiadas pela tecnologia. Comunicar-se claramente reduz inseguranças e aumenta o engajamento emocional dos colaboradores humanos.

5. **Ética e responsabilidade digital.** Um líder híbrido não apenas implementa tecnologia; ele é responsável por garantir que seja usada de modo ético. Algoritmos não têm noção de justiça social ou impacto humano, por isso cabe ao líder garantir que as tecnologias respeitem padrões éticos e humanos, considerando diversidade, privacidade e inclusão.

A LIDERANÇA HÍBRIDA NA PRÁTICA

Um exemplo notável vem da Amazon, sobretudo em suas operações logísticas. Líderes da empresa aprenderam a combinar harmonicamente funcionários humanos com robôs automatizados, delegando às máquinas o trabalho repetitivo e braçal enquanto humanos focam em criatividade, atendimento ao cliente e decisões estratégicas.

Em centros de distribuição como o de Robbinsville, em Nova Jersey, robôs Kiva transportam prateleiras inteiras até os funcionários, que apenas retiram os itens e os embalam. Isso reduziu drasticamente o tempo de processamento dos pedidos e aumentou a capacidade de entrega.[24]

Além disso, a Amazon investiu em programas de requalificação profissional, como o Career Choice, que oferece treinamento em áreas promissoras, preparando os colaboradores para funções de maior valor agregado. Esse equilíbrio entre tecnologia e desenvolvimento humano resultou em aumento expressivo da eficiência operacional, redução de erros e maior engajamento dos colaboradores.[25]

Outro exemplo relevante é a Siemens, gigante global da engenharia e automação. A empresa adotou uma abordagem híbrida com maestria em suas fábricas inteligentes (*smart factories*). Em Amberg, na Alemanha, cerca de 75% dos processos de produção são automatizados, mas o controle, a supervisão e a inovação contínua vêm de equipes humanas altamente capacitadas.

A Siemens investe constantemente na capacitação técnica e digital de seus colaboradores por meio de plataformas como o Siemens Learning Campus, combinando formação técnica com soft skills e pensamento sistêmico. O resultado é uma operação extremamente eficiente, com margem mínima de erro, mas também com um time capaz de adaptar, evoluir e propor melhorias contínuas ao sistema.

---

[24] AMAZON implementa robôs Kiva para temporada de fim de ano. **Exame**, 1 dez. 2014. Disponível em: https://classic.exame.com/tecnologia/amazon-implementa-robos-kiva-para-temporada-de-fim-de-ano/?utm_source=copiaecola&utm_medium=compartilhamento/. Acesso em: 5 maio 2025.

[25] AMAZON. Amazon Career Choice. Disponível em: https://careerchoice.amazon/. Acesso em: 5 maio 2025.

É a fusão do melhor da máquina com o melhor do humano – a essência da liderança híbrida.[26]

Por outro lado, um caso conhecido de erro ocorreu quando o Walmart implementou robôs para controle de estoques em suas lojas, esperando reduzir custos rapidamente. A comunicação falhou: funcionários ficaram inseguros, clientes sentiram-se desconfortáveis e o projeto teve de ser suspenso após resistências internas. O erro foi justamente não ter uma liderança híbrida que explicasse e integrasse máquinas com pessoas da forma adequada.

Por isso, invista na comunicação constante. Explique claramente às equipes por que determinada tecnologia será adotada, quais benefícios trará e como eles próprios serão beneficiados no processo. Comunique-se aberta e regularmente para evitar ansiedade e resistências. Seja transparente e ético. A transparência é essencial ao introduzir tecnologias que possam alterar rotinas ou gerar inseguranças. Sempre deixe claro quais decisões são humanas e quais são automatizadas, e estabeleça limites éticos claros para o uso dessas tecnologias.

---

[26] OT Meets IT – Siemens Factory in Amberg, Germany. **Siemens**, 20 maio 2019. Disponível em: https://blog.siemens.com/2019/05/ot-meets-it-siemens-factory-in-amberg-germany/. Acesso em: 5 maio 2025.

PRINCIPAIS APRENDIZADOS

- Liderança híbrida é saber liderar equipes humanas e tecnológicas simultaneamente.
- Essa habilidade exige inteligência emocional, visão estratégica e capacidade de integração entre IA e talentos humanos.
- Comunicação constante, empatia, ética e responsabilidade digital são cruciais para liderar na era da IA.

Um líder híbrido precisa ser especialmente hábil em gerenciar emoções e expectativas, reforçando constantemente a ideia de que a tecnologia veio para ajudar, e não para substituir.

Domine as hybrid skills
@juniorborneli

09.
RESOLUÇÃO DE PROBLEMAS COMPLEXOS:
A habilidade humana que nem mesmo a melhor IA pode substituir

> **"Aquele que são loucos o suficiente para achar que podem mudar o mundo são aqueles que o fazem."**
>
> *Steve Jobs*[27]

Vivemos em uma época fascinante, em que algoritmos podem sugerir soluções rápidas e precisas para inúmeros problemas. Com base em análises profundas de dados históricos, tendências e estatísticas, inteligências artificiais podem rapidamente indicar caminhos e estratégias eficazes para uma série de questões. Porém, existe um campo no qual mesmo as máquinas mais sofisticadas ainda enfrentam limitações: a resolução de problemas complexos.

Mas, afinal, o que são problemas complexos? São aqueles que envolvem múltiplas variáveis inter-relacionadas, incertezas elevadas e, frequentemente, dilemas éticos ou sociais difíceis. Não têm soluções claras ou óbvias e exigem uma abordagem que vai muito além da análise numérica simples. São situações únicas, que geralmente nunca foram enfrentadas antes, exigindo criatividade, intuição, pensamento crítico, adaptação e improviso – justamente os atributos em que humanos ainda superam amplamente os algoritmos.

---

[27] "Those who are crazy enough to think they can change the world are the", discurso de Steve Jobs para a campanha "Think Different", em setembro de 1997. Disponível em: www.youtube.com/watch?v=b4n8uT12ij8&ab_channel=ChristianSoschner/. Acesso em: 5 maio 2025.

Um exemplo claro de problema complexo ocorreu durante a pandemia da covid-19. Médicos, cientistas, políticos e líderes enfrentaram uma crise inédita, com implicações sociais, econômicas, éticas e médicas que mudavam diariamente. Nenhum algoritmo sozinho poderia sugerir soluções prontas para problemas tão multifacetados. Foi necessário um esforço humano de colaboração, criatividade, tentativa e erro, empatia e pensamento crítico para lidar com a crise em diferentes contextos e países.

A inteligência artificial é excepcional na análise de grandes volumes de dados e em propor soluções baseadas em padrões reconhecíveis do passado. Mas sua limitação surge exatamente porque ela depende fundamentalmente de dados prévios e padrões estabelecidos. Problemas complexos frequentemente não têm precedentes claros, são inéditos ou possuem elementos emocionais, éticos ou sociais difíceis de serem reduzidos a simples números.

Por exemplo, algoritmos podem sugerir soluções eficazes para um problema logístico de entrega de produtos, com base em milhões de dados anteriores. Porém, se o problema envolve algo como gestão de uma crise reputacional ou resposta a uma emergência ambiental, o contexto muda drasticamente. Nessas situações, improviso humano, julgamento ético e emocional e criatividade estratégica são absolutamente necessários.

HABILIDADES NECESSÁRIAS PARA RESOLVER PROBLEMAS COMPLEXOS

Para enfrentar esses desafios, profissionais híbridos precisarão desenvolver competências específicas:

1. **Capacidade de improvisação estratégica.** Quando problemas inéditos surgem, é necessário improvisar rapidamente soluções eficazes. Profissionais precisam conseguir adaptar suas estratégias em tempo real, pensando rapidamente em alternativas viáveis.

2. **Visão sistêmica.** Problemas complexos têm múltiplas causas e consequências. Visão sistêmica significa enxergar além do problema imediato, considerando como decisões tomadas em uma área afetarão outras áreas e quais consequências poderão surgir em longo prazo.

3. **Colaboração multidisciplinar.** Problemas complexos raramente são resolvidos por indivíduos sozinhos ou por especialistas em uma única área. Exigem equipes multidisciplinares colaborando, integrando perspectivas diversas. Profissionais que sabem trabalhar bem em equipes heterogêneas terão vantagens.

4. **Adaptabilidade à incerteza.** A resolução de problemas complexos envolve lidar frequentemente com informações incompletas ou contraditórias. Saber tomar decisões equilibradas diante da ambiguidade, aceitando certo grau de risco e incerteza, será fundamental.

5. **Capacidade de aprendizado rápido.** Aprender rapidamente com experiências anteriores é essencial, especialmente diante de situações inéditas. Profissionais híbridos conseguem absorver rapidamente novos conhecimentos e aplicá-los em situações emergenciais, evoluindo constantemente.

HUMANOS SUPERANDO MÁQUINAS EM PROBLEMAS COMPLEXOS

Um exemplo emblemático vem da Nasa, durante a missão Apollo 13.

Em 1970, naquela missão, a Nasa enfrentou um dos episódios mais dramáticos da história da exploração espacial. Dois dias após o lançamento, uma explosão no módulo de serviço danificou severamente o sistema de suporte de vida, deixando os três astronautas em risco de morte por falta de oxigênio e energia elétrica. Os sistemas automatizados da nave simplesmente não foram projetados para esse tipo de situação. Não havia protocolos, manuais ou algoritmos prontos para lidar com aquele cenário.

Foi nesse momento que brilhou a inteligência humana. Astronautas e engenheiros – tanto no espaço quanto no centro de controle da Nasa – se viram obrigados a **improvisar uma solução com recursos extremamente limitados**. Entre os exemplos mais marcantes está a criação de um filtro improvisado para remover o excesso de dióxido de carbono da cápsula, usando materiais como mangueiras plásticas, sacolas, fita adesiva e tampas de dicionário.

Essa façanha, que envolveu **colaboração intensa, pensamento lateral e raciocínio criativo em tempo real**, salvou a vida da tripulação e entrou para a história como prova de que, mesmo diante do caos, a mente humana é capaz de resolver problemas inéditos que nenhuma IA ou sistema automatizado poderia prever ou solucionar por conta própria.

Em março de 2011, o Japão foi atingido por um terremoto seguido de um tsunami devastador, que comprometeu gravemente o funcionamento da usina nuclear de Fukushima Daiichi. O desastre levou à falha total dos sistemas de resfriamento dos reatores, elevando rapidamente o risco de um colapso catastrófico com vazamento de radiação em larga escala.

Em meio a uma situação de extremo estresse, **sem dados confiáveis, com sistemas eletrônicos comprometidos e diante de variáveis desconhecidas**, os engenheiros, operadores e autoridades locais foram obrigados a tomar decisões críticas com base na experiência, na intuição e em análises rápidas de risco humano e ambiental.

Alguns técnicos voluntariaram-se para operar válvulas manualmente, mesmo sabendo dos riscos à saúde. Outros improvisaram bombas de água e geradores emergenciais com ferramentas disponíveis. A comunicação entre governo, técnicos e a operadora da usina exigiu **interpretação de cenários incertos e decisões éticas altamente complexas**, como o risco de evacuação em massa.

Nenhum sistema autônomo conseguiria, até hoje, tomar decisões em um ambiente tão caótico, em que as variáveis mudavam a cada segundo, os dados eram incompletos e o fator humano – empatia, coragem, senso de urgência e julgamento moral – era determinante.

O mercado de trabalho futuro será repleto de problemas inéditos. Profissionais híbridos terão um valor imenso exatamente pela sua capacidade de integrar tecnologia com pensamento humano estratégico. Equipes formadas por humanos (com habilidades híbridas) e tecnologias (com capacidades analíticas poderosas) terão uma vantagem decisiva sobre aquelas formadas apenas por humanos ou apenas por tecnologias isoladamente.

Por isso, pratique sua capacidade de enfrentar situações complexas no trabalho e na vida: diversifique experiências para ampliar o repertório mental e sair da zona de conforto; cultive o hábito da reflexão crítica; busque constantemente perspectivas diversas, ouça pessoas de diferentes áreas, níveis hierárquicos, culturas e gerações;

aprenda a lidar com o erro, porque resolver problemas complexos depende de tentativa e erro ao improvisar soluções.

Quanto mais ampla for sua base, mais facilmente você enxergará soluções inovadoras e, sobretudo, humanas, porque nenhuma base de dados artificial conseguirá tamanha abrangência.

PRINCIPAIS APRENDIZADOS

- Problemas complexos envolvem incertezas, dilemas éticos e múltiplas variáveis inter-relacionadas.
- A IA ainda não pode resolver plenamente esses problemas inéditos, emocionais e estratégicos.
- Profissionais híbridos terão enorme valor pela capacidade de improvisar, ter visão sistêmica e lidar com incertezas.
- Estratégias práticas como diversificar experiências, refletir criticamente, aceitar o erro e buscar diferentes perspectivas ajudam no desenvolvimento dessa habilidade essencial.

10.
COLABORAÇÃO HUMANO-IA:
O futuro é trabalhar com as máquinas, e não contra elas

> **"Seja você mesmo, pois todos os outros já existem."**
>
> *Oscar Wilde*

Por muitas décadas, fomos acostumados a imaginar um futuro no qual humanos seriam substituídos por máquinas e robôs. Filmes, séries e livros projetaram frequentemente essa narrativa: máquinas tomando nossos empregos, decisões e até mesmo nosso controle sobre o mundo. Porém, estamos diante de uma realidade totalmente diferente – e potencialmente muito mais positiva. O futuro não será uma disputa entre humanos e máquinas; mas uma profunda e poderosa colaboração.

O grande diferencial competitivo das próximas décadas estará justamente na capacidade de profissionais e organizações integrarem, de maneira eficiente e harmoniosa, a força dos humanos com a eficiência das máquinas. A colaboração humano-IA será uma das hybrid skills mais valiosas do mercado futuro, definindo claramente quem vai prosperar e quem ficará para trás.

COLABORAR COM A IA, EM VEZ DE COMPETIR COM ELA

Competir diretamente com algoritmos em tarefas operacionais, repetitivas ou baseadas em dados é praticamente impossível para humanos. As máquinas já mostraram uma capacidade imensa de realizar rapidamente tarefas que demandariam muito tempo e esforço de uma pessoa. Porém, como vimos até aqui, há inúmeras competências humanas que permanecem insubstituíveis: criatividade, empatia, julgamento ético, liderança emocional e intuição estratégica são alguns exemplos.

A colaboração humano-IA é justamente a capacidade de delegar inteligentemente tarefas operacionais e repetitivas para as máquinas, liberando tempo e energia para que humanos se concentrem nas atividades que requerem julgamento crítico, inovação e empatia. Não se trata de substituir humanos por IA, mas de liberar o potencial máximo de cada lado.

Um exemplo claro dessa colaboração pode ser visto no agronegócio. Hoje, grandes produtores utilizam sistemas de inteligência artificial para monitorar lavouras via satélite, prever padrões climáticos, detectar pragas antes que causem danos e até recomendar o momento exato para irrigação ou colheita com base em dados históricos e sensores em tempo real. No entanto, **a decisão final sobre quais estratégias adotar, como manejar recursos naturais, que tipo de cultivo priorizar ou como lidar com cenários climáticos incertos ainda depende da experiência e intuição dos produtores rurais**. Essa parceria entre algoritmos e agricultores tem levado a saltos de produtividade, redução de desperdícios e um uso mais sustentável dos recursos – mostrando que, quando humanos e máquinas atuam em conjunto, os resultados são muito mais poderosos do que se cada um operasse isoladamente.

Outro exemplo significativo acontece na indústria financeira. Grandes bancos como J.P. Morgan e Goldman Sachs utilizam IA para realizar análises complexas em investimentos, identificar fraudes ou projetar riscos financeiros futuros.[28] Porém, decisões estratégicas, especialmente aquelas que envolvem dilemas éticos ou impactos sociais profundos, continuam sendo tomadas por executivos humanos que analisam não apenas números, mas contextos culturais, sociais e éticos mais amplos.

Mas se você ainda se pergunta como tornar a colaboração humano-IA efetiva para obter resultados produtivos, a alfabetização tecnológica, a liderança híbrida e o pensamento crítico – conforme já falamos ao longo do livro – são todas habilidades específicas e necessárias para esse trabalho conjunto, e totalmente vantajosas para os profissionais e para os negócios.

Vantajosas porque profissionais que sabem usar IA no dia a dia tornam-se exponencialmente mais produtivos, realizando em horas tarefas que levariam dias ou semanas. Porque máquinas reduzem erros operacionais, permitindo que humanos foquem decisões estratégicas, aumentando a qualidade final do trabalho. Porque, ao delegar tarefas repetitivas às máquinas, equipes humanas ganham tempo precioso para investir em criatividade, inovação e experimentação. E, sobretudo, porque equipes que colaboram de modo efetivo com IA têm menos desgaste operacional, menos retrabalho e menos sobrecarga emocional – um ponto importante quando índices de estresse e burnout estão mais elevados a cada dia.[29]

Um exemplo marcante de colaboração humano-IA vem do Spotify. Sua plataforma de IA gera sugestões musicais para usuários com uma precisão surpreendente. No entanto, são curadores

---

[28] 5 WAYS JP Morgan Is Using AI – Case Study. **DigitalDefynd**, 2025. Disponível em: https://digitaldefynd.com/IQ/jp-morgan-using-ai-case-study/. Acesso em: 6 maio 2025.

[29] WORLD Mental Health Day. **Ipsos**, 2023. Disponível em: www.ipsos.com/sites/default/files/ct/publication/documents/2024-10/World%20Mental%20Health%20Day%20Survey.pdf. Acesso em: 6 maio 2025.

humanos que criam playlists especiais, contextualizadas por emoções, momentos culturais ou eventos sociais específicos, o que dá um toque emocional humano que uma máquina não consegue atingir.[30]

Outro exemplo claro está na Adobe. Com a introdução do Adobe Firefly e de outras ferramentas baseadas em inteligência artificial, a empresa tem permitido que designers, fotógrafos e profissionais criativos acelerem e aprimorem seus fluxos de trabalho. A IA sugere composições, remove elementos indesejados, gera imagens a partir de comandos de texto e automatiza tarefas repetitivas, como redimensionamento ou ajuste de cores. No entanto, **o toque final, a curadoria estética, a coerência com a marca e a sensibilidade visual seguem nas mãos humanas**. Criativos agora conseguem produzir mais, com mais qualidade e em menos tempo – mas continuam sendo os responsáveis pelas decisões que envolvem propósito, estilo e impacto emocional. É mais um exemplo de como a colaboração humano-IA eleva a produtividade e libera espaço para aquilo que apenas o ser humano pode entregar: visão, sensibilidade e originalidade.

COMO EVITAR ERROS E PROMOVER UMA COLABORAÇÃO EFICIENTE

Um erro muito comum é tratar IA como substituta total do julgamento humano, delegando decisões estratégicas ou éticas inteiramente às máquinas. Um caso clássico foi a falha na utilização do algoritmo de recrutamento da Amazon, que acidentalmente gerou discriminação de gênero devido a dados históricos enviesados.

---

[30] LOKWANI, R. How Spotify Uses AI to Make Every Playlist Feel Personal. **Medium**, 27 nov. 2024. Disponível em: https://medium.com/%40rohitlokwani17/how-spotify-uses-a-to-make-every-playlist-feel-personal-c6b4774c9406/. Acesso em: 6 maio 2025.

O erro foi justamente delegar decisões sensíveis demais à IA, sem a supervisão crítica e ética suficiente de humanos.[31]

Para evitar esses erros, é fundamental definir claramente o papel de máquinas e humanos em cada processo e sempre contar com a presença de líderes híbridos conscientes das limitações éticas da IA. Além disso, é indispensável realizar supervisões constantes nas decisões automatizadas e manter transparência sobre quais decisões devem ser tomadas por máquinas e quais por humanos.

Como você já percebeu, a capacidade de integrar IA em suas atividades profissionais, sabendo delegar corretamente tarefas operacionais às máquinas, será tão essencial quanto saber utilizar ferramentas básicas de comunicação no passado. Profissionais híbridos terão enorme vantagem competitiva, destacando-se claramente em mercados cada vez mais automatizados.

A colaboração humano-IA não é apenas uma tendência – é uma realidade inevitável e extremamente positiva. Preparar-se desde já é essencial para transformar esse futuro colaborativo em uma oportunidade poderosa de crescimento pessoal e profissional.

---

[31] DASTIN, Jeffrey. Insight – Amazon Scraps Secret AI Recruiting Tool that Showed Bias Against Women. **Reuters**, 10 out. 2018. Disponível em: www.reuters.com/article/world/insight-amazon-scraps-secret-ai-recruiting-tool-that-showed-bias-against-women-idUSKCN1MK0AG/. Acesso em: 6 maio 2025.

PRINCIPAIS APRENDIZADOS

- O futuro do trabalho é colaboração humano-IA, e não competição entre ambos.
- IA realiza tarefas repetitivas e operacionais; humanos atuam em tarefas estratégicas e emocionais.
- Vantagens dessa colaboração incluem maior produtividade, inovação, qualidade de trabalho e menos estresse operacional.
- Para que a colaboração seja eficaz, profissionais precisam entender claramente os pontos fortes e limitações das máquinas, interagir fluentemente com tecnologias, gerenciar emoções das equipes e tomar decisões éticas.

A colaboração humano-IA é justamente a capacidade de delegar inteligentemente tarefas operacionais e repetitivas para as máquinas.

Domine as hybrid skills
@juniorborneli

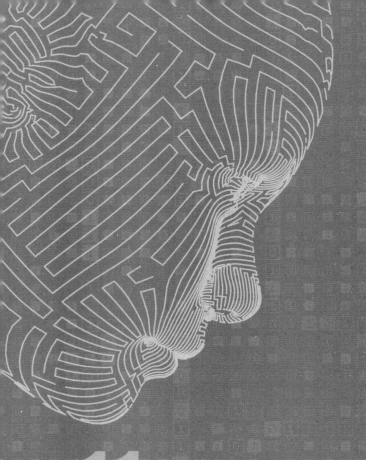

11.
CULTURA DE APRENDIZADO CONTÍNUO:
Por que aprender a aprender será a maior competência do futuro

> **"A melhor maneira de prever o futuro é criá-lo."**
>
> *Peter Drucker*

Durante décadas, fomos condicionados a pensar que bastava adquirir um diploma ou especialização para garantir sucesso profissional pelo resto da vida. Porém, em um mundo em que as tecnologias evoluem exponencialmente, esse modelo tornou-se insustentável. Hoje, mais importante do que qualquer habilidade específica é a capacidade contínua e ágil de aprender coisas novas.

A cultura do aprendizado contínuo, também chamada de *lifelong learning*, será a grande habilidade decisiva da nova economia digital. Profissionais que aprenderem rapidamente e que conseguirem se reinventar frequentemente terão uma vantagem extraordinária em relação àqueles que se acomodarem ou resistirem à mudança.

POR QUE O APRENDIZADO CONTÍNUO SE TORNOU TÃO ESSENCIAL?

Simples: porque o ritmo da mudança tecnológica nunca foi tão acelerado quanto hoje. Ferramentas e conhecimentos que você domina agora poderão ser obsoletos em poucos anos ou até mesmo meses. Esse fenômeno não está restrito à tecnologia: afeta profundamente setores como finanças, saúde, comunicação, marketing, educação e indústria.

Um profissional que não aprende contínua e rapidamente perde competitividade e valor de mercado. Em contrapartida, quem desenvolve o hábito e o gosto pelo aprendizado constante pode transformar esse cenário desafiador em uma oportunidade poderosa de crescimento, inovação e sucesso pessoal.

Empresas como Google e Microsoft adotam abertamente culturas nas quais o aprendizado contínuo é altamente incentivado. Seus colaboradores recebem acesso frequente a treinamentos, plataformas de aprendizado on-line e tempo dedicado especialmente para estudar e experimentar novas tecnologias.[32]

A Amazon é outra referência mundial em aprendizado contínuo. A empresa oferece aos funcionários subsídios para educação, além de uma variedade enorme de treinamentos internos e externos. Ela sabe que investir em aprendizado constante significa manter seus funcionários e suas estratégias sempre atualizados, relevantes e competitivos.[33]

Mas não devemos de maneira alguma esperar que as empresas tomem a iniciativa quanto ao nosso próprio aprendizado. Por isso, existem estratégias práticas que você pode adotar para implementar uma cultura de aprendizado contínuo no dia a dia:

---

[32] CAI, K. Google Pushes Global Agenda to Educate Workers, Lawmakers on AI. **Reuters**, 25 jan. 2025. Disponível em: www.reuters.com/technology/artificial-intelligence/google-pushes-global-agenda-educate-workers-lawmakers-ai-2025-01-25/. Acesso em: 6 maio 2025.

[33] OUR Upskilling Commitments. **Amazon**. Disponível em: www.aboutamazon.com/workplace/upskilling-commitments/. Acesso em: 6 maio 2025.

1. **Aceite que seu conhecimento atual não será suficiente amanhã.** O primeiro passo é reconhecer que seu conhecimento atual pode ficar rapidamente desatualizado. Humildade intelectual e abertura para aprender são fundamentais. Profissionais que aceitam que precisam evoluir constantemente têm vantagens estratégicas significativas.

2. **Crie rotinas diárias de aprendizado.** Acesse cursos on-line, webinars, livros, podcasts e vídeos diariamente para estar sempre se atualizando. Dedicar poucos minutos por dia ao aprendizado gera resultados significativos ao longo do tempo.

3. **Experimente e aplique rapidamente.** Não basta aprender novas teorias – é preciso colocá-las em prática imediatamente. Experimente novas tecnologias no trabalho, teste novos métodos de trabalho e analise rapidamente seus resultados. O aprendizado contínuo é sobre prática constante, e não apenas sobre teoria.

4. **Aprenda com a diversidade de áreas.** Procure ativamente conhecimentos fora de sua especialidade. Um engenheiro pode estudar psicologia, um profissional de marketing pode aprender programação básica, um médico pode explorar inteligência artificial. Essas conexões cruzadas aumentam sua capacidade criativa e estratégica de resolver problemas.

5. **Compartilhe o que você aprende.** Ensinar aos outros o que você aprendeu é uma das maneiras mais eficazes de consolidar o próprio conhecimento. Crie o hábito de compartilhar insights, discutir novas ideias com colegas e, se possível, ensinar formalmente dentro de sua organização.

QUEM DOMINA A CULTURA DE APRENDIZADO CONTÍNUO SE DESTACA

Profissionais que aprendem constantemente têm muita vantagem competitiva. São pessoas que se ajustam rapidamente às mudanças, mantendo alta relevância e empregabilidade, que dominam novos métodos, tecnologias e conceitos antes dos demais, aumentando sua capacidade criativa e inovadora, e são mais resilientes diante de crises, justamente por sua adaptabilidade. Empresas valorizam imensamente profissionais com capacidade comprovada de aprender, adaptar-se e evoluir rapidamente, sobretudo em tempos de rápidas mudanças tecnológicas.

Satya Nadella, CEO da Microsoft, trouxe uma forte cultura de aprendizado contínuo para a empresa, com uma frase poderosa: "Não seja um 'sabe-tudo', seja um 'aprende-tudo'". Sob sua gestão, a Microsoft passou a crescer exponencialmente, com funcionários constantemente desafiados a aprender e inovar.[34]

Outro caso notável é a startup brasileira Nubank, que mantém como parte fundamental de sua cultura o aprendizado contínuo e a experimentação rápida. Funcionários são encorajados a testar, errar, aprender rapidamente com esses erros e evoluir constantemente – o que se reflete em um crescimento impressionante da empresa nos últimos anos.[35]

Mas, ainda que pareça simples implementar o aprendizado contínuo dentro de uma empresa, afinal, "é só incentivar que as

---

[34] LEVY, N. Microsoft CEO Satya Nadella: It's better to be a 'learn-it-all' than a 'know-it-all'. **GeekWire**, 4 ago. 2016. Disponível em: www.geekwire.com/2016/microsoft-learn-it-all/. Acesso em: 6 maio 2025.

[35] NAS ENTRELINHAS do Nubank: David Vélez revela os segredos da revolução financeira. 2025. Vídeo (43min49s). Publicado pelo canal Entrelinhas, por Junior Borneli. Disponível em: https://youtu.be/vbufbxVeNPY?si=IdO4OgHDYO5Ryemb. Acesso em: 6 maio 2025.

pessoas estudem", existem algumas armadilhas comuns que podem prejudicar a eficácia dessa cultura.

Por isso, é importante evitar aprendizados desordenados e sem objetivos claros, excesso de teoria sem prática e, acima de tudo, a resistência ao erro. Aprender exige experimentar, o que naturalmente exige falhas e ajustes de rota.

Aprenda, experimente, erre, adapte-se. Uma coisa é clara: conhecimento técnico específico rapidamente fica ultrapassado, mas aprender constantemente jamais perde valor. A cultura de aprendizado contínuo não é apenas uma tendência passageira. É o único caminho sustentável para prosperar em um mundo cada vez mais rápido, digital e automatizado. Quanto antes você começar a adotá-la, maior será seu diferencial competitivo.

PRINCIPAIS APRENDIZADOS

- Conhecimentos atuais rapidamente tornam-se obsoletos, exigindo constante renovação.
- Aprender continuamente traz vantagens em adaptabilidade, inovação, resiliência e empregabilidade.
- Exemplos de sucesso, como Microsoft, Google, Amazon e Nubank, ilustram o impacto positivo dessa cultura.
- Para desenvolver essa competência: aceite a obsolescência constante, crie rotinas diárias de aprendizado, aplique rapidamente o que aprende, busque diversidade de conhecimentos e compartilhe seu aprendizado com outros.

Hoje, mais importante do que qualquer habilidade específica, é a capacidade contínua e ágil de aprender coisas novas.

Domine as hybrid skills
@juniorborneli

12.
ÉTICA E RESPONSABILIDADE DIGITAL:
O desafio humano na era das máquinas inteligentes

> ## "O sucesso é a soma de pequenos esforços repetidos dia após dia."
> *Robert Collier*

Quanto maior o poder tecnológico, maior a responsabilidade que acompanha seu uso. À medida que as inteligências artificiais se tornam mais poderosas e onipresentes, uma nova habilidade híbrida emerge como absolutamente essencial para qualquer profissional do futuro: a ética e a responsabilidade digital.

No século XXI, decisões tecnológicas terão implicações cada vez mais profundas na vida das pessoas. Não serão apenas decisões comerciais ou econômicas; muitas terão consequências sociais, emocionais e morais. A IA já influencia diretamente nossas vidas em áreas como crédito financeiro, justiça, saúde, segurança pública, política e trabalho. E esse impacto só aumentará.

Nesse contexto, cabe aos profissionais híbridos assegurar que o uso da tecnologia seja não apenas eficiente, mas também justo, ético e responsável.

O QUE SIGNIFICA ÉTICA E RESPONSABILIDADE DIGITAL?

Ética digital não é simplesmente seguir leis ou regulamentos. Envolve refletir profundamente sobre as consequências reais de nossas decisões tecnológicas, avaliando seu impacto humano e social. Significa questionar se o uso da tecnologia realmente melhora a vida das pessoas ou se, mesmo sem intenção, poderia causar danos sociais ou individuais.

Responsabilidade digital, por sua vez, é garantir que o impacto da tecnologia esteja alinhado com valores humanos fundamentais como justiça, diversidade, privacidade, respeito e equidade. Implica entender que algoritmos, mesmo sendo neutros em sua essência, podem replicar preconceitos, gerar exclusão e ampliar desigualdades sociais se não forem devidamente supervisionados por humanos.

Devemos sempre nos lembrar de que algoritmos são criados para otimizar resultados com base em dados, mas não têm capacidade intrínseca de julgar eticamente suas decisões. Um exemplo notório de viés algorítmico ocorreu no desenvolvimento de sistemas de reconhecimento facial. Estudos revelaram que esses sistemas apresentam taxas de erro significativamente mais altas ao identificar indivíduos de pele mais escura, especialmente mulheres negras, em comparação com homens brancos. Essa discrepância se deve, na maior parte, à sub-representação de certos grupos demográficos nos dados de treinamento, resultando em discriminação racial e de gênero. Tais falhas evidenciam a importância da supervisão humana na implementação de tecnologias, assegurando que sejam justas e equitativas para todos os usuários.[36]

Por isso, profissionais híbridos que demonstrarem forte compromisso ético e responsável terão uma vantagem decisiva no mercado futuro. Empresas valorizam cada vez mais líderes conscientes, que entendem implicações sociais, emocionais e éticas da tecnologia.

---

[36] JONKER, A.; ROGERS, J. O que é viés algorítmico? **IBM**, 20 set. 2024. Disponível em: www.ibm.com/br-pt/think/topics/algorithmic-bias/. Acesso em: 6 maio 2025.

PASSOS PRÁTICOS PARA DESENVOLVER ÉTICA E RESPONSABILIDADE DIGITAL

1. **Compreenda as implicações sociais da tecnologia.** Pergunte-se sempre sobre os impactos sociais, éticos e emocionais das decisões tecnológicas que você ou sua empresa tomam. Questione quem pode ser beneficiado ou prejudicado por determinada tecnologia.

2. **Identifique possíveis vieses.** Questione se dados utilizados em seus sistemas tecnológicos podem conter preconceitos históricos ou culturais. Lembre-se de que algoritmos refletem os dados com os quais aprendem, por isso é essencial checar constantemente vieses que possam estar sendo replicados inconscientemente.

3. **Defina limites éticos claros.** Crie protocolos claros que determinem limites éticos para uso da tecnologia, especialmente em decisões que envolvam humanos diretamente. Definir previamente limites evita erros éticos graves posteriormente.

4. **Seja transparente com os usuários.** Informe claramente às pessoas como decisões tecnológicas são tomadas, sobretudo quando impactam diretamente suas vidas (como recrutamento, crédito financeiro, justiça ou saúde). A transparência gera confiança e minimiza riscos éticos.

5. **Busque diversidade nas equipes tecnológicas.** Quanto mais diversa for sua equipe, menor será o risco de preconceitos ou erros éticos inconscientes. Diversidade cultural, racial, de gênero e de perspectivas garante decisões tecnológicas mais justas e abrangentes.

ÉTICA DIGITAL EM PRÁTICA

A Loft, empresa brasileira do setor imobiliário, utiliza algoritmos avançados para auxiliar na precificação de imóveis, garantindo avaliações justas e transparentes. Esses algoritmos são alimentados por uma combinação de dados exclusivos da empresa e históricos do mercado imobiliário. Ao integrar essas informações, a Loft assegura que suas ofertas estejam alinhadas com a realidade do mercado, proporcionando transações equitativas para compradores e vendedores.[37]

Para evitar vieses que poderiam desfavorecer determinadas regiões ou comunidades, a Loft adota uma abordagem meticulosa na coleta e análise de dados. A empresa utiliza informações de fontes públicas sobre transações imobiliárias, incluindo detalhes como localização, metragem e histórico de compra e venda. Esses dados são constantemente comparados com informações internas para validar a precisão e a equidade das avaliações.

Além disso, a Loft valoriza a transparência em suas operações, permitindo que proprietários de imóveis cadastrem seus apartamentos on-line para receber uma avaliação prévia. Essa prática não apenas facilita o processo de venda como também reforça o compromisso da empresa com a justiça e a clareza nas transações imobiliárias.

Ao implementar essas práticas, a Loft exemplifica a aplicação da ética digital no mercado imobiliário, demonstrando como a tecnologia pode ser utilizada de forma responsável para promover decisões justas e transparentes.

Outro exemplo é a Salesforce, que implementou um grupo específico de funcionários, composto por pessoas diversas, encarregado

---

[37] ENTENDA como a Loft precifica e chega no valor de um apartamento. **Portal Loft**, 10 maio 2019. Disponível em: https://portal.loft.com.br/entenda-como-a-loft-chega-no-valor-de-um-apartamento/. Acesso em: 6 maio 2025.

de monitorar a ética em suas tecnologias e decisões de inteligência artificial. Essa iniciativa ajudou a empresa a evitar potenciais vieses raciais e sociais em decisões automatizadas sobre clientes e funcionários.[38]

No futuro próximo, consumidores, investidores e funcionários terão muito menos tolerância a empresas que ignoram responsabilidades éticas no uso da tecnologia. Empresas éticas ganharão confiança, reputação, clientes fiéis e colaboradores engajados. Já aquelas que negligenciarem responsabilidade digital sofrerão sérias consequências, desde perdas financeiras até boicotes públicos.

---

[38] RESPONSIBLE AI: Built on Trust and Diverse Ideas, by Humans. **Salesforce**, 2024. Disponível em: www.salesforce.com/plus/experience/dreamforce_2024/series/best_of_dreamforce_2024/episode/episode-s1e33/. Acesso em: 6 maio 2025.

PRINCIPAIS APRENDIZADOS

- Quanto mais poderosa a tecnologia, maior a necessidade de responsabilidade ética humana.
- Decisões tecnológicas têm implicações sociais profundas que precisam ser monitoradas por humanos.
- Profissionais híbridos precisam ter julgamento ético e responsabilidade digital claros.
- Empresas éticas serão recompensadas pelo mercado futuro com confiança e fidelidade.

Cabe aos profissionais híbridos assegurar que o uso da tecnologia seja não apenas eficiente, mas também justo, ético e responsável.

Domine as hybrid skills
@juniorborneli

13.
INTELIGÊNCIA EXPONENCIAL:
Como profissionais híbridos potencializam seu impacto utilizando a IA

> **"Inovação é o que distingue
> um líder de um seguidor."**
> *Steve Jobs*

S e o século passado foi marcado pelo trabalho mecânico e linear, o século XXI está sendo definido por uma nova lógica: a inteligência exponencial. Em um mundo digital, quem trabalha sozinho ou sem tecnologia consegue resultados lineares; porém, quem aprende a integrar a inteligência artificial ao seu trabalho multiplica o próprio impacto exponencialmente.

Essa nova mentalidade é uma das maiores oportunidades para os profissionais híbridos. *Mas, afinal, o que significa realmente inteligência exponencial?*

Inteligência exponencial é o conceito de usar tecnologia, especialmente IA, para potencializar radicalmente nossas capacidades humanas, gerando resultados muito superiores ao que seria possível isoladamente. Em vez de competir com as máquinas, aprendemos a utilizá-las como ferramentas para acelerar a produtividade, a criatividade e o impacto no mundo.

Considere um exemplo simples: um analista financeiro tradicional leva horas ou dias para analisar relatórios complexos. Um analista híbrido, utilizando ferramentas de inteligência artificial, pode fazer a mesma análise em minutos, liberando tempo precioso para interpretar resultados, tomar decisões estratégicas e realizar tarefas mais criativas. Seu impacto e produtividade crescem de maneira exponencial, e não incremental.

Vejamos o exemplo emblemático da Netflix. A empresa utiliza inteligência artificial para analisar milhões de dados de comportamento dos usuários e recomendar conteúdos altamente personalizados com precisão impressionante. Se essa tarefa fosse realizada apenas por humanos, seria impossível atender milhões de usuários individualmente. O que fez a Netflix crescer de modo exponencial foi justamente o uso inteligente da IA pelos profissionais da empresa, ampliando de maneira dramática seu impacto e alcance.[39]

Outro exemplo vem da Uber. Ao integrar inteligência artificial para otimizar rotas, prever demandas de clientes e preços dinâmicos em tempo real, a empresa multiplicou sua capacidade operacional de maneira inimaginável. A empresa não se limitou a usar tecnologia como suporte, mas colocou a tecnologia como parte central de sua estratégia, permitindo que equipes humanas foquem inovação, atendimento ao cliente e expansão estratégica.[40]

COMO ADOTAR A INTELIGÊNCIA EXPONENCIAL?

Seguir os passos dos grandes exemplos de pessoas e empresas que eu apresentei ao longo do livro exige compromisso com o futuro, mudanças de mentalidade e prática.

---

[39] Foundation Model for Personalized Recommendation. **Netflix TechBlog**, 21 mar. 2025. Disponível em: https://netflixtechblog.com/foundation-model-for-personalize-recommendation-1a0bd8e02d39/. Acesso em: 6 maio 2025.

[40] MATHEWS, A. How Uber's Predictive Machine Learning Is Changing User Experience? **AIM Research**, 8 jul. 2024. Disponível em: https://aimresearch.co/market-industry/how-ubers-predictive-machine-learning-is-changing-user-experience/. Acesso em: 6 maio 2025.

1. **Repense seus processos de trabalho.** Identifique rapidamente tarefas que podem ser automatizadas ou otimizadas pela IA. O objetivo deve ser liberar tempo humano precioso para atividades estratégicas, criativas e relacionais. Automatizar não é ameaçar empregos, mas elevar seu papel para níveis mais altos de contribuição.

2. **Invista em aprendizado contínuo sobre tecnologia.** Espero que esta leitura tenha ajudado você a perceber que a alfabetização tecnológica é essencial. Entenda como ferramentas de IA funcionam, quais estão disponíveis e como utilizá-las estrategicamente para ampliar sua produtividade e impacto.

3. **Seja proativo na experimentação tecnológica.** A inteligência exponencial não nasce da espera passiva. Profissionais híbridos proativos testam ferramentas, erram, aprendem rápido e evoluem constantemente. Essa mentalidade ágil de experimentação é essencial.

4. **Capacite-se em interpretação estratégica de dados.** Use o poder da IA para obter insights valiosos, mas lembre-se: a interpretação estratégica continua sendo uma habilidade profundamente humana. Dominar e também interpretar esses insights rapidamente vai multiplicar exponencialmente sua produtividade.

5. **Combine visão humana com capacidade tecnológica.** A IA oferece dados poderosos, mas a visão humana oferece sentido, propósito e ética. Essa combinação garante que seu crescimento seja, além de rápido, sustentável e ético em longo prazo.

VOCÊ VAI PAGAR PARA VER?

Profissionais ou empresas que não adotarem essa mentalidade ficarão rapidamente para trás. Concorrentes que utilizam tecnologias exponenciais serão mais rápidos e também mais eficientes e inovadores. Insistir em trabalhar do modo tradicional, linear, sem a inteligência artificial, será uma receita quase certa de obsolescência profissional ou empresarial.

Um exemplo emblemático vem das livrarias tradicionais em comparação à Amazon. Enquanto livrarias físicas dependiam exclusivamente de decisões humanas para organizar estoques e definir preços, a Amazon utilizava algoritmos inteligentes para prever exatamente a venda de livros – quais, quando e o preço ideal. Esse uso exponencial da tecnologia levou à liderança global da Amazon, enquanto livrarias tradicionais sofreram com baixo faturamento ou até fecharam as portas.[41]

Mesmo com todas as tendências apontando o caminho, ainda vemos muitos mercados resistentes a essa mudança, e as livrarias não são um caso isolado. Portanto, é preciso trabalhar para vencer essas resistências. Para isso, é necessário demonstrar claramente os benefícios da automação para equipes humanas, destacando especialmente redução de tarefas repetitivas e aumento de atividades gratificantes; promover treinamentos constantes, estimulando pessoas a adotarem e testarem ferramentas inteligentes com menos medo de errar; e, sobretudo, cultivar uma cultura interna que constantemente celebre, recompense e reconheça a inovação tecnológica e o aprendizado contínuo.

---

[41] The History of Amazon's Forecasting Algorithm. **Amazon**, 9 ago. 2021. Disponível em: www.amazon.science/latest-news/the-history-of-amazons-forecasting-algorithm/. Acesso em: 6 maio 2025.

Motive as pessoas a sua volta apresentando cases como o do Mercado Livre, que usa algoritmos avançados para prever comportamentos de compra, otimizar logística, reduzir fraudes e melhorar a experiência do cliente. O resultado é um crescimento acelerado, satisfação de clientes e expansão agressiva em novos mercados.[42]

Outro exemplo notável é a farmacêutica Pfizer, que utilizou inteligência artificial para acelerar drasticamente o desenvolvimento da vacina contra a covid-19. Em poucos meses, o uso combinado de cientistas humanos e tecnologias inteligentes permitiu o desenvolvimento de uma vacina eficaz em tempo recorde – um exemplo perfeito do poder exponencial da colaboração humano-tecnológica.[43]

No futuro próximo, o mercado premiará fortemente profissionais híbridos que adotarem uma mentalidade de inteligência exponencial. O crescimento acelerado e sustentável será a norma, e não a exceção. A eficiência operacional não será suficiente: vencerão aqueles capazes de combinar dados, tecnologia e visão humana para gerar crescimento rápido, exponencial e ético.

Não estamos diante apenas de uma mudança tecnológica, mas de uma transformação profunda na forma como trabalhamos, gerenciamos equipes e consideramos o crescimento.

---

[42] MERCADO Envios: cada vez mais perto, cada vez mais rápido. **Mercado Livre**, 12 abr. 2024. Disponível em: https://news.mercadolivre.com/index.php/pt/o-que-e-mercado-envios/.

[43] APPLYING the Latest Digital Technology to Optimize Covid-19 Vaccine Efforts. **Pfizer**, 2021. Disponível em: www.pfizer.com/sites/default/files/investors/financial_reports/annual_reports/2021/story/latest-digital-technology-to-covid-vaccine-efforts/. Acesso em: 6 maio 2025.

PRINCIPAIS APRENDIZADOS

- Inteligência exponencial significa multiplicar radicalmente seu impacto integrando IA e inteligência humana.
- Profissionais híbridos combinam visão humana com automação para gerar resultados exponenciais.
- Para desenvolver inteligência exponencial, é preciso automatizar tarefas repetitivas, integrar IA ao trabalho diário, aprender continuamente e interpretar estrategicamente insights tecnológicos.
- Quem não adotar essa mentalidade exponencial ficará rapidamente para trás no mercado.

Quem aprende a integrar a inteligência artificial ao seu trabalho multiplica o próprio impacto exponencialmente.

Domine as hybrid skills
@juniorborneli

14.
O PODER DA INTUIÇÃO:
O algoritmo invisível que define grandes decisões

"Nunca deixe que o medo de errar o impeça de jogar o jogo."

George Herman Ruth

Em uma era em que somos constantemente impulsionados a confiar em dados, estatísticas e algoritmos poderosos para tomar decisões, pode parecer estranho afirmar que uma habilidade profundamente humana como a intuição tenha importância crescente. No entanto, líderes reconhecidos globalmente, de Jeff Bezos a Oprah Winfrey, frequentemente destacam a intuição como seu grande diferencial estratégico.[44]

Intuição é uma forma de conhecimento imediato, um insight súbito, frequentemente baseado em experiências acumuladas, informações subconscientes e sensações difíceis de explicar logicamente. Intuição não é algo sobrenatural ou mágico; ela é, na verdade, um algoritmo invisível e profundamente humano, que opera dentro do cérebro, sintetizando informações subconscientes, padrões sutis e experiências anteriores acumuladas ao longo da vida.

Nesse sentido, a intuição é um algoritmo humano altamente sofisticado, porém invisível aos olhos das máquinas. Ela consegue

---

[44] OSHIN, M. Jeff Bezos on Why You Should Trust your Gut, Not Data. **The Ladders,** 24 nov. 2020. Disponível em: www.theladders.com/career-advice/jeff-bezos-on-why-you-should-trust-your-gut-not-data/. Acesso em: 6 maio 2025.

perceber sinais, contextos emocionais e oportunidades ocultas que a análise puramente racional e numérica frequentemente deixa escapar.

Embora algoritmos possam analisar dados históricos com precisão, eles não conseguem prever contextos totalmente novos ou situações inéditas que fogem dos padrões prévios. Decisões estratégicas reais frequentemente envolvem ambiguidade, falta de dados suficientes e dilemas éticos ou emocionais complexos, exatamente onde a intuição humana brilha com intensidade.

Exemplo clássico disso é Satya Nadella, CEO da Microsoft. Quando assumiu o comando da empresa, em 2014, Nadella tomou decisões estratégicas baseadas em uma visão intuitiva de futuro: abrir mão da obsessão por Windows como produto central, abraçar o *open source*, investir em nuvem (Azure) e colocar cultura organizacional como prioridade máxima.[45]

Nada disso era óbvio ou popular à época – analistas questionavam fortemente algumas dessas mudanças. Mas Nadella sentia que o futuro da tecnologia era colaborativo, distribuído e humano. A aposta intuitiva transformou radicalmente a Microsoft, levando-a a uma das maiores valorizações de mercado da história moderna.

COMO DESENVOLVER UMA INTUIÇÃO INSUPERÁVEL?

Algoritmos dependem de dados históricos. Quanto mais complexa e inédita uma decisão, mais limitada é sua capacidade. Intuição, por outro lado, nasce da combinação única entre experiência pessoal, conhecimento tácito, percepção emocional e criatividade. É a capacidade humana de conectar pontos aparentemente desconexos

---

[45] NADELLA, S. **Aperte o F5**: a transformação da Microsoft e a busca de um futuro melhor para todos. São Paulo: Benvirá, 2018.

que permite antecipar cenários futuros inéditos, algo extremamente valioso num mundo de incertezas.

Intuição pode parecer algo misterioso ou místico, mas é, na verdade, uma competência que pode ser cultivada ativamente, por meio de estratégias como:

1. **Ouça sua voz interna.** Preste atenção àquela sensação sutil de desconforto ou empolgação que surge diante de decisões importantes. A intuição muitas vezes aparece primeiro como um sentimento inexplicável, mas poderoso. Não a ignore; explore-a mais profundamente.

2. **Valorize sua experiência passada.** Cada decisão, sucesso ou erro anterior deixa lições valiosas que alimentam sua intuição futura. Quanto mais experiências variadas você acumular, mais rica será sua intuição, pois ela se baseia em padrões inconscientes adquiridos ao longo da vida.

3. **Confie na intuição, mas valide com dados.** Grandes líderes híbridos não ignoram dados; eles utilizam dados e intuição juntos. Use a intuição para identificar caminhos possíveis, e depois utilize dados e análises para validar suas hipóteses intuitivas.

4. **Pratique a tomada rápida de decisões.** A intuição precisa de prática constante. Tome decisões pequenas com rapidez e ouça suas percepções internas. Quanto mais fizer isso, mais afiada ficará sua capacidade intuitiva de identificar soluções rápidas e precisas.

5. **Aceite que a intuição pode falhar (e aprenda com isso).** Intuição não é perfeita. Ela pode errar porque depende de experiências passadas e percepção subjetiva. Porém, ao aceitar

que erros intuitivos são possíveis, você reduz o medo de errar e aumenta sua capacidade de usar a intuição de maneira estratégica e corajosa.

QUANDO A INTUIÇÃO MUDOU O JOGO COMPLETAMENTE

Em 2009, durante uma crise que afetava tanto a reputação quanto as finanças da empresa, Akio Toyoda, presidente da Toyota, tomou uma decisão contraintuitiva: desacelerar a expansão global e focar qualidade e cultura interna.

Analistas esperavam cortes agressivos e foco total em eficiência. Mas sua intuição apontava para um problema mais profundo – uma perda de identidade da marca. Ele reorientou a empresa para seus valores originais, reforçou o conceito de "kaizen" (melhoria contínua) e priorizou a escuta ativa dos colaboradores. A decisão intuitiva ajudou a Toyota a se recuperar com solidez e retomar sua posição como uma das montadoras mais respeitadas do mundo.[46]

Outro exemplo vem de Warren Buffett, um dos maiores investidores de todos os tempos. Buffett usa números e análises detalhadas para suas decisões de investimento. Porém, em diversas ocasiões, ele destacou que a decisão final vem de sua intuição profunda sobre empresas, produtos ou lideranças nas quais ele sente confiança ou dúvida. Sua intuição vem da combinação entre experiência acumulada,

---

[46] Life After a Massive Scandal. **WarTime CEO Stories**, 18 jul. 2024. Disponível em: https://wartimeceostories.com/p/how-akio-toyoda-steered-toyota-through-crisis/. Acesso em: 6 maio 2025.

percepção emocional sobre líderes empresariais e compreensão de contextos econômicos complexos.[47]

Não estou dizendo que a intuição deva substituir completamente os dados, isso jamais, mas deve complementá-los. Não deve ser usada para decisões impulsivas, mas validada com reflexão cuidadosa. É importante estar atento às decisões passadas, aprender sempre com intuições que deram errado. Entender por que algo falhou melhora sua intuição no futuro.

À medida que a IA torna decisões baseadas em dados cada vez mais comuns e acessíveis, decisões intuitivas serão ainda mais valiosas. Líderes e profissionais híbridos que confiarem e desenvolverem profundamente suas intuições terão vantagens únicas, capazes de antecipar tendências, identificar oportunidades ocultas e navegar com segurança por cenários complexos e incertos.

---

[47] SAMUEL, N. Warren Buffett's Biggest Investment Hits and Misses. **Picture Perfect Portfolios**. Disponível em: https://pictureperfectportfolios.com/warren-buffetts-biggest-investment-hits-and-misses/. Acesso em: 6 maio 2025.

PRINCIPAIS APRENDIZADOS

- Intuição é o algoritmo humano invisível capaz de perceber contextos e oportunidades que dados sozinhos não revelam.
- Desenvolver a intuição envolve ouvir atentamente sentimentos internos, validar com dados, aceitar falhas, aprender com elas e aplicá-las estrategicamente.
- É preciso evitar erros comuns, como confundir intuição com impulsividade ou ignorar totalmente os dados.
- A intuição será um grande diferencial competitivo para profissionais híbridos na era digital.

A intuição é um algoritmo humano altamente sofisticado, porém invisível aos olhos das máquinas.

Domine as hybrid skills
@juniorborneli

15.
GERAÇÃO H:
A primeira geração nativa híbrida, que mudará o futuro do trabalho e da sociedade

> **"O único limite para nossa realização de amanhã serão as nossas dúvidas de hoje."**
>
> *Franklin D. Roosevelt*

Estamos às portas de algo histórico. Pela primeira vez na história, teremos uma geração que vai nascer e crescer totalmente imersa em um mundo no qual a presença de algoritmos, inteligência artificial e robôs será absolutamente natural e rotineira na escola, no trabalho e na vida pessoal. Essa é a **Geração H (geração híbrida)**, uma geração que nascerá já preparada para viver plenamente integrada à tecnologia.

Mas afinal, quem é exatamente essa Geração H? E por que precisamos compreendê-la profundamente desde já?

Geração H refere-se às crianças e jovens nascidos a partir de anos 2020, que crescerão em ambientes profundamente híbridos: metade humanos, metade digitais. Diferentemente das gerações anteriores – Millennials, Geração Z e até mesmo Alfa –, esses jovens não conhecerão um mundo sem algoritmos inteligentes, assistentes virtuais ou robôs. Para eles, a automação não será uma novidade tecnológica fascinante; será algo absolutamente natural, parte essencial do cotidiano.

CARACTERÍSTICAS ESSENCIAIS DA GERAÇÃO H

Para compreender a Geração H profundamente, precisamos observar características específicas que a diferenciam claramente das gerações anteriores:

1. **Naturalidade digital absoluta.** Diferente dos Millennials ou mesmo da Geração Z, que precisaram adaptar-se rapidamente às tecnologias digitais, a Geração H nascerá dentro da automação digital. Eles terão fluência tecnológica profunda desde cedo, considerando totalmente natural interagir com máquinas inteligentes todos os dias.

2. **Capacidade híbrida nativa.** A geração H não verá diferença clara entre aprender com humanos ou máquinas. Estudar com plataformas inteligentes ou aprender diretamente com assistentes virtuais será tão natural para eles quanto aprender com professores humanos. Isso ampliará imensamente sua capacidade de aprendizado acelerado e contínuo.

3. **Menos resistência à mudança tecnológica.** Por crescerem já totalmente integrados à tecnologia, pessoas da Geração H não resistirão tanto às mudanças constantes. Adaptar-se rapidamente será parte natural do seu funcionamento mental. Isso representará uma vantagem enorme diante de mercados cada vez mais imprevisíveis.

4. **Mentalidade mais prática e colaborativa.** A Geração H não terá dilemas sobre tecnologia substituir pessoas. Para eles, humanos e robôs estarão naturalmente integrados. Isso facilitará colaboração, inovação e criatividade estratégica no ambiente de trabalho.

5. **Profunda consciência ética digital.** Desde cedo, eles estarão expostos a questões éticas relacionadas ao uso de dados e inteligência artificial. Como consequência, crescerão mais atentos às implicações sociais e éticas da tecnologia, potencialmente tornando-se líderes mais conscientes, éticos e responsáveis digitalmente.

COMO A GERAÇÃO H MOLDARÁ O MERCADO DE TRABALHO?

Para profissionais que estarão ativos no mercado quando a Geração H entrar nele, é fundamental entender como suas expectativas, valores e habilidades moldarão empresas e relações profissionais.

Por serem menos resistência à automação e adaptáveis a novas tecnologias, as empresas poderão implementar inovações tecnológicas rapidamente. Eles esperarão ambientes de trabalho altamente digitalizados e ágeis, nos quais tudo possa ser resolvido digital e rapidamente.

Em contrapartida, a Geração H exigirá total transparência sobre como dados pessoais são usados, como as decisões automatizadas são tomadas e quais algoritmos influenciam suas vidas. Hierarquias rígidas não funcionarão bem com a Geração H. Eles preferirão organizações flexíveis, colaborativas e abertas à inovação constante.

E mesmo nascendo digitais, a Geração H enfrentará desafios únicos. Com exposição constante à tecnologia desde muito cedo, eles precisarão aprender a lidar com desafios emocionais relacionados à conectividade extrema, como ansiedade digital, solidão virtual e estresse tecnológico. Precisarão desenvolver maturidade ética muito cedo para decidir sobre questões delicadas, como privacidade, inclusão digital, e impactos sociais profundos das tecnologias que usarão diariamente.

COMO LÍDERES E EMPRESAS PODEM PREPARAR-SE PARA A GERAÇÃO H?

A diversidade de habilidades tecnológicas e humanas da Geração H os tornará extremamente valiosos e disputados no mercado, especialmente em profissões híbridas. Mas líderes e empresas precisarão se preparar para receber essa nova geração e seus desafios particulares.

Por isso, é importante desde já adotar tecnologias de maneira transparente e ética, criando um ambiente digital confiável para receber as gerações futuras; promover constantemente o aprendizado tecnológico, preparando a cultura interna da empresa e diminuindo o choque intergeracional; e criar ambientes emocionalmente saudáveis, capazes de reduzir o impacto negativo da conectividade extrema.

PRINCIPAIS APRENDIZADOS

- Geração H nascerá integrada à automação, IA e robótica.
- Será fluente digital desde cedo, colaborativa com máquinas e pouco resistente à mudança.
- Demandará transparência e responsabilidade ética muito maiores das empresas.
- Terá vantagens enormes, mas enfrentará desafios emocionais e sociais inéditos.
- Líderes precisam preparar-se agora, adotando ética digital, transparência tecnológica e ambientes emocionalmente saudáveis.
- Compreender e preparar-se para a Geração H não é apenas inteligente; é essencial. Ela não será apenas uma nova geração entrando no mercado. Será a primeira geração verdadeiramente híbrida, capaz de redefinir totalmente as regras do jogo profissional e social.

16.
O PROFISSIONAL HÍBRIDO NA PRÁTICA:
Um guia completo para se tornar indispensável no futuro

> **"As pessoas não compram bens e serviços. Elas compram relacionamentos, histórias e magia."**
>
> *Seth Godin*

Depois de percorrer toda a jornada das hybrid skills e compreender cada habilidade em profundidade, chegou o momento mais importante deste livro: colocar esse conhecimento em prática. Afinal, não adianta apenas saber quais habilidades serão essenciais — é preciso agir e implementá-las agora mesmo para tornar-se um verdadeiro **profissional híbrido**.

Mas como exatamente você pode transformar o conceito de "profissional híbrido" em realidade prática na carreira, no trabalho e em sua vida? A seguir, um passo a passo para ajudar você nessa jornada.

Passo 1: Autoavaliação das hybrid skills

Faça uma avaliação sincera de suas competências atuais. Quais hybrid skills você já domina bem? Quais precisam de desenvolvimento urgente? Identifique pontos fortes e fracos claramente, criando uma "fotografia" realista do seu perfil híbrido atual.

Passo 2: Crie um plano pessoal de desenvolvimento

Com base na sua autoavaliação, monte um plano detalhado para fortalecer rapidamente suas competências híbridas essenciais. Defina claramente quais habilidades desenvolverá primeiro, como fará isso (cursos, mentorias, leituras, experiências práticas) e em quanto tempo pretende evoluir.

Passo 3: Automatize e digitalize seu trabalho

Identifique claramente atividades repetitivas e automatize-as utilizando ferramentas inteligentes. Quanto mais você automatizar tarefas operacionais, mais tempo terá para atividades humanas estratégicas e criativas. Use plataformas como Zapier, ChatGPT, ferramentas de análise de dados, entre outras, para apoiar suas atividades diárias.

Passo 4: Integre a IA à rotina diária

Crie o hábito constante de utilizar ferramentas digitais como parte natural de sua rotina diária. Seja para decisões rápidas, comunicação, pesquisas, análises de dados ou produtividade pessoal. A integração plena e natural com a tecnologia é essencial para tornar-se híbrido.

Passo 5: Cultive uma cultura de aprendizado constante

Profissionais híbridos são eternos aprendizes. Monte uma rotina diária clara de aprendizado contínuo: leia livros, assista a vídeos, faça cursos on-line, participe de eventos. Mantenha-se em constante evolução, principalmente nas áreas tecnológicas, éticas e emocionais, que serão cada vez mais requisitadas.

Passo 6: Fortaleça sua inteligência emocional e sua comunicação

Invista ativamente no desenvolvimento de habilidades emocionais e interpessoais. Aprenda técnicas de storytelling, comunicação eficaz, gestão emocional e empatia profunda. São esses elementos humanos que diferenciam decisivamente o profissional híbrido de algoritmos puros.

Passo 7: Desenvolva uma rede de contatos híbrida

Esteja próximo de pessoas que já adotaram a mentalidade híbrida. Participe ativamente de comunidades tecnológicas, éticas e inovadoras. Quanto mais próxima for sua rede híbrida, mais rápido será seu desenvolvimento e adaptação constante a mudanças.

COMO EVITAR ERROS NA IMPLEMENTAÇÃO DAS HYBRID SKILLS

Assim como toda implementação de um novo recurso, erros fazem parte do processo. Alguns deles, entretanto, são previsíveis e podem ser evitados. Veja-os a seguir.

Erro comum 1: Aprender somente habilidades técnicas

Muitos profissionais acham que basta saber tecnologia. Porém, híbrido significa dominar habilidades humanas e técnicas com equilíbrio.

Erro comum 2: Resistir à automação tecnológica

Não automatizar tarefas repetitivas significa perder oportunidades imensas de produtividade e criatividade.

Erro comum 3: Não aplicar habilidades híbridas imediatamente.

Aprender teoricamente sem aplicar diariamente não gera resultados reais.

INCENTIVANDO PROFISSIONAIS HÍBRIDOS

Quando pensamos em nossa própria transformação, já estamos à frente de muitos. Imagine então escalar essa transformação para a empresa ou a comunidade? Os impactos tornam-se exponenciais.

Por isso, empresas que desejam equipes híbridas precisam pensar em fornecer treinamentos constantes em tecnologia, ética e habilidades humanas essenciais; criar ambientes que valorizem e recompensem o aprendizado contínuo; reduzir resistências internas através de transparência e comunicação clara; e incentivar ativamente o uso das tecnologias e automatizações.

Profissionais híbridos serão não apenas desejáveis no futuro, mas indispensáveis. Sua capacidade única de combinar inteligência artificial com competências profundamente humanas fará deles profissionais estratégicos altamente disputados por empresas que querem prosperar na nova economia digital.

Essa não é uma previsão abstrata: é uma certeza absoluta. O mercado do futuro valorizará profissionais híbridos com salários melhores, carreiras mais promissoras, estabilidade real e crescimento acelerado em qualquer setor ou indústria.

PRINCIPAIS APRENDIZADOS

- Profissional híbrido domina competências tecnológicas e humanas essenciais.
- Implementar hybrid skills envolve autoavaliação, plano pessoal de desenvolvimento, automação tecnológica, aprendizado contínuo e fortalecimento emocional.
- É preciso evitar erros comuns, como focar apenas tecnologia ou resistir à automação.
- Empresas precisam incentivar ativamente profissionais híbridos com treinamentos e cultura interna aberta à inovação tecnológica e humana.
- O futuro do trabalho premiará fortemente quem dominar a prática híbrida em sua carreira diária.

17.
O FUTURO COMEÇA AGORA:
Preparando-se hoje para liderar amanhã

> **"Não encontre falhas,**
> **encontre soluções."**
> *Henry Ford*

Após toda a jornada profunda pelas hybrid skills, você agora entende com clareza absoluta quais habilidades serão essenciais na nova economia digital. Este capítulo é um convite claro e urgente à ação: chegou a hora de colocar tudo o que você aprendeu em prática, tornando-se imediatamente um líder híbrido que usa estrategicamente as transformações tecnológicas para construir o próprio futuro profissional.

NÃO ESPERE PELO FUTURO – CRIE-O AGORA MESMO

Um erro comum é acreditar que mudanças acontecerão lentamente, dando tempo suficiente para adaptação gradual. Porém, a revolução digital é exponencial, e não linear. Tecnologias como inteligência artificial, robótica, automação avançada e aprendizado de máquina estão evoluindo em velocidade surpreendente. Esperar passivamente significa ser ultrapassado rapidamente.

Profissionais híbridos não esperam. Eles tomam o controle ativamente, construindo desde já as competências necessárias para navegar com confiança, segurança e crescimento acelerado em qualquer cenário futuro.

Para não apenas acompanhar, mas liderar ativamente as transformações, você precisa:

1. **Cultivar visão estratégica.** Não veja apenas o cenário atual, veja claramente o que está emergindo no horizonte. Estude constantemente tendências tecnológicas e sociais. Identifique oportunidades antes dos demais e esteja preparado para agir rapidamente quando essas mudanças acontecerem.

2. **Tomar decisões ágeis e inteligentes.** Líderes híbridos decidem rapidamente, mas com inteligência. Não espere clareza absoluta ou certeza total. Aprenda a tomar decisões estratégicas em contextos de incerteza constante, usando dados, intuição e julgamento ético profundo como guias constantes.

3. **Agir com proatividade tecnológica.** Não espere sua empresa ou seu setor adotarem tecnologias. Seja você o profissional que sugere ferramentas, testa soluções e lidera ativamente implementações. Quanto mais cedo você assumir esse papel, maior será seu diferencial.

4. **Criar redes poderosas de contato.** Construa imediatamente uma rede híbrida, conectando-se a profissionais de diferentes setores, líderes tecnológicos e pessoas que já estão vivendo essa mentalidade híbrida diariamente. Sua rede definirá diretamente sua velocidade de aprendizado, crescimento e adaptação às mudanças.

EXEMPLOS REAIS: QUEM LIDEROU CEDO PROSPEROU MAIS RÁPIDO

Um caso emblemático vem novamente da Amazon, que liderou ativamente a revolução digital enquanto outras empresas esperaram. Hoje, ela domina o mercado global justamente por ter começado antes, agido rápido e não esperado a mudança tornar-se óbvia.

Outro exemplo é o iFood no Brasil, que antecipou rapidamente tendências de digitalização e automação logística. O resultado foi crescimento exponencial e liderança absoluta no mercado, enquanto concorrentes tradicionais foram forçados a correr atrás tardiamente.

COMO PREPARAR-SE HOJE PARA LIDERAR AMANHÃ?

Aplique imediatamente tudo o que aprendeu ao longo do livro:

- Automatize tarefas repetitivas agora mesmo, liberando tempo estratégico.
- Desenvolva intencionalmente competências humanas essenciais, como empatia, comunicação, criatividade e pensamento crítico.
- Integre diariamente ferramentas digitais em seu trabalho.
- Tenha ética digital e responsabilidade tecnológica como guias permanentes.
- Crie imediatamente uma rotina constante e estratégica de aprendizado tecnológico e humano.
- Seja um líder ativo em sua empresa ou setor, sugerindo, testando e implementando rapidamente novas soluções tecnológicas híbridas.

OS PERIGOS DE ESPERAR PASSIVAMENTE

Quem aguardar passivamente verá sua relevância profissional diminuir rapidamente. No futuro próximo, haverá profissionais híbridos – e profissionais obsoletos. A distância entre eles será imensa em termos de oportunidades, salários e relevância profissional. Não se tornar híbrido desde já significa colocar em risco sua empregabilidade e seu crescimento.

COMO SERÁ O MERCADO FUTURO COM LÍDERES HÍBRIDOS?

O futuro pertencerá claramente aos líderes híbridos, que sabem combinar profundamente inteligência artificial e competências humanas. Esses líderes terão:

- Carreiras altamente valorizadas pelo mercado.
- Flexibilidade estratégica, podendo atuar em diferentes setores.
- Crescimento profissional acelerado.
- Estabilidade real, independentemente das mudanças tecnológicas.
- Alto impacto social e profissional em qualquer cenário futuro.

O FUTURO É AGORA

Esperar o futuro significa perdê-lo. Construí-lo ativamente significa controlá-lo, moldá-lo e prosperar nele. O profissional híbrido não aguarda passivamente as transformações tecnológicas; ele as lidera com confiança, estratégia e ação imediata.

Não deixe que o futuro aconteça para você. Faça você mesmo seu futuro acontecer agora.

PRINCIPAIS APRENDIZADOS

- O futuro híbrido não é distante; ele já começou.
- Profissionais híbridos não aguardam; eles lideram ativamente mudanças tecnológicas.
- É preciso cultivar visão estratégica, decisões rápidas, proatividade tecnológica e redes poderosas.
- Exemplos reais como Amazon e iFood mostram que líderes híbridos que agem logo prosperam mais rápido e dominam mercados.
- Quem aguardar passivamente ficará obsoleto no mercado futuro.
- Profissionais híbridos terão carreiras promissoras, valorizadas e estáveis, independentemente de cenários tecnológicos futuros.
- Não espere nem mais um segundo: o futuro é híbrido, e começa agora mesmo, exatamente com você.

NOTA FINAL:
A sorte favorece os bravos

Se você chegou até aqui, é porque escolheu o caminho da coragem. Não é fácil olhar para um futuro cheio de incertezas, mudanças constantes e desafios inéditos e dizer: "Sim, estou pronto!". Mas foi exatamente isso o que você fez ao chegar até esta última página.

Ao longo deste livro, falamos sobre tecnologias revolucionárias, habilidades essenciais e mudanças profundas que vão redefinir completamente o conceito do que significa trabalhar e liderar no futuro. Mas, entre todas as lições, há uma que você jamais deve esquecer:

A SORTE SEMPRE FAVORECEU OS CORAJOSOS

Você pode estar com medo, ansioso ou em dúvida diante desse futuro desconhecido – é natural, humano e completamente compreensível. A mudança é incômoda por natureza, e ninguém está completamente imune ao desconforto causado pelo desconhecido.

Mas o ponto mais importante é que, enquanto algumas pessoas deixam o medo as paralisar, outras – aquelas que realmente moldam o futuro – avançam, mesmo com medo. Elas enfrentam incertezas com coragem, encaram as mudanças com entusiasmo e decidem, conscientemente, transformar cada desafio em uma oportunidade extraordinária.

A verdadeira vantagem competitiva do futuro não estará na inteligência artificial, mas na coragem profundamente humana de inovar, aprender constantemente e superar resistências internas. Ser híbrido não é abrir mão de nossa humanidade; pelo contrário, é fortalecê-la, expandi-la e multiplicá-la.

A Geração H está chegando, o mercado está mudando rápido, e certamente enfrentaremos muitas incertezas nos próximos anos. Mas lembre-se sempre de algo poderoso: você não é vítima dessas mudanças. É o protagonista delas.

E a sorte? Bem, ela sempre escolheu ficar do lado daqueles que têm coragem para se levantar e agir. Ela não premia quem apenas observa passivamente, mas sim quem decide agir, aprender continuamente e crescer sem parar.

Não espere o futuro. Construa-o agora, com coragem, confiança e atitude. Use cada habilidade híbrida discutida neste livro como uma ferramenta real e prática para seu crescimento pessoal e profissional.

A partir daqui, a decisão está em suas mãos. Escolha a coragem no lugar da acomodação. Escolha o aprendizado no lugar da resistência. Escolha a ação em vez da espera passiva.

Porque o futuro, no fundo, é sempre feito por quem decide construí-lo. Erga a cabeça, dê o próximo passo com confiança absoluta e lembre-se sempre:

O sucesso nunca será um golpe de sorte – mas sempre o resultado inevitável de uma escolha diária de coragem, preparo e ação constante.

O futuro híbrido já começou.

E sua hora é agora.

ANEXO I
Agentes de IA e funcionários virtuais:
O que são e como estão revolucionando o trabalho

Ao longo deste livro, falamos repetidamente sobre inteligência artificial e automação, destacando como as habilidades híbridas serão essenciais para prosperar em um mercado em constante mudança. Agora é hora de aprofundarmos um conceito específico e revolucionário: os **agentes de IA**, tecnologias que estão dando vida a algo que chamamos de **funcionários virtuais**.

O QUE SÃO AGENTES DE IA?

Um agente de IA é um algoritmo avançado projetado para realizar tarefas específicas de forma autônoma, rápida e eficiente, utilizando *machine learning* e outras técnicas de inteligência artificial. Eles funcionam de maneira semelhante aos assistentes pessoais virtuais que já usamos, como Siri, Alexa ou ChatGPT, porém com maior capacidade de execução autônoma e inteligente de tarefas.

Esses agentes são programados não apenas para responder a perguntas, mas também para executar uma série de ações pré-definidas ou mesmo aprender e adaptar-se constantemente a novas situações. Seu objetivo principal é realizar tarefas repetitivas, padronizadas ou previsíveis, liberando tempo precioso para que profissionais humanos foquem atividades mais estratégicas e criativas.

FUNCIONÁRIOS VIRTUAIS: A PRÓXIMA FRONTEIRA DA AUTOMAÇÃO

Os agentes de IA tornaram possível um conceito ainda mais avançado: funcionários virtuais. Um funcionário virtual é uma inteligência artificial que realiza atividades específicas com autonomia semelhante à de um colaborador humano, porém em tarefas operacionais claramente definidas e repetitivas.

Funcionários virtuais podem atuar em diversas áreas, como:

- Atendimento automatizado de clientes (chatbots inteligentes).
- Processamento e análise automática de documentos.
- Gestão automatizada de estoques e logística.
- Geração automática de relatórios financeiros e administrativos.
- Monitoramento e análise constante de riscos em segurança digital.
- Assistentes virtuais inteligentes capazes de agendar reuniões, organizar calendários, enviar e-mails etc.

EXEMPLOS REAIS: FUNCIONÁRIOS VIRTUAIS EM AÇÃO HOJE

Empresas como o Itaú e o Banco do Brasil já utilizam funcionários virtuais para atendimento ao público, reduzindo o tempo de espera e melhorando a experiência do usuário. Plataformas digitais como a Magazine Luiza usam funcionários virtuais para identificar rapidamente problemas logísticos e corrigi-los de modo automático, aumentando sua eficiência operacional exponencialmente.

Em outro exemplo notável, a startup americana UiPath desenvolve funcionários virtuais capazes de automatizar completamente processos financeiros, reduzindo erros humanos e liberando pessoas para atividades mais criativas e menos repetitivas.

POR QUE FUNCIONÁRIOS VIRTUAIS SÃO IMPORTANTES NO FUTURO DO TRABALHO?

Funcionários virtuais não estão aqui para substituir completamente humanos, mas para liberá-los de tarefas repetitivas e de baixo valor agregado. Isso permitirá aos humanos concentrarem-se em atividades estratégicas, criativas e que exigem competências profundamente humanas, como empatia, criatividade, liderança e inovação.

A automação com funcionários virtuais traz benefícios diretos para empresas e equipes:

- **Produtividade multiplicada.** Tarefas repetitivas são realizadas de forma instantânea e sem erros, permitindo aos profissionais humanos focarem decisões estratégicas.
- **Redução de custos.** Funcionários virtuais realizam rapidamente atividades com alto volume e com baixo custo, permitindo maior investimento em inovação.
- **Maior satisfação humana.** Funcionários humanos sentem-se mais motivados quando tarefas repetitivas são delegadas às máquinas, permitindo-lhes realizar trabalhos mais gratificantes e estratégicos.

COMO PROFISSIONAIS HÍBRIDOS DEVEM LIDAR COM FUNCIONÁRIOS VIRTUAIS?

Profissionais híbridos precisam entender claramente que funcionários virtuais não são concorrentes, mas aliados estratégicos. Aqui estão formas práticas de se adaptar a essa realidade:

1. **Compreenda profundamente a automação.** Entenda exatamente quais tarefas podem ser automatizadas por funcionários virtuais, para delegá-las estrategicamente e com inteligência.
2. **Saiba integrar equipes híbridas.** Aprenda a gerenciar equipes compostas por humanos e agentes de IA, garantindo que todos tenham entendido claramente seus papéis específicos. Isso gera produtividade máxima e satisfação emocional.
3. **Desenvolva habilidades únicas e estratégicas.** Reforce competências profundamente humanas que não podem ser substituídas por funcionários virtuais, como pensamento crítico, criatividade, empatia e ética.

O FUTURO: COMO OS AGENTES DE IA MUDARÃO RADICALMENTE O MERCADO DE TRABALHO?

Os agentes de IA já são realidade, mas seu uso crescerá exponencialmente nos próximos anos. Profissões que hoje realizam tarefas repetitivas serão altamente automatizadas, e isso forçará profissionais a evoluir rápido para funções mais estratégicas, criativas e emocionais.

Quem antecipar essa mudança – abraçando a automação desde já, desenvolvendo competências híbridas e estratégicas – terá imensa vantagem no mercado futuro.

DESAFIOS ÉTICOS E SOCIAIS DOS FUNCIONÁRIOS VIRTUAIS

A implantação de funcionários virtuais traz desafios éticos que precisam ser observados cuidadosamente por profissionais híbridos:

- Evitar os vieses dos algoritmos, garantindo justiça e ética em decisões automatizadas.
- Garantir privacidade e segurança de dados sensíveis.
- Supervisionar constantemente impactos sociais e emocionais das automações implementadas.
- Profissionais híbridos serão essenciais para garantir que a implementação dos funcionários virtuais seja não apenas eficiente, mas ética, humana e socialmente responsável.

ANEXO II
Robôs humanoides e IA física:
A próxima revolução tecnológica dentro e fora das empresas

Ao longo deste livro, discutimos profundamente como a inteligência artificial está revolucionando a maneira como trabalhamos, vivemos e interagimos. Porém, há um avanço específico que promete levar essa transformação ainda mais longe, tornando-a visível e palpável no dia a dia: os **robôs humanoides**.

Mas, antes, precisamos entender claramente o que são robôs humanoides, ciborgues e androides, termos frequentemente confundidos.

ENTENDENDO AS DIFERENÇAS: ROBÔS HUMANOIDES, ANDROIDES E CIBORGUES

Robôs humanoides

São máquinas projetadas para se assemelhar fisicamente ao corpo humano, com braços, pernas, mãos e cabeça semelhantes aos nossos. Eles são totalmente mecânicos, sem componentes biológicos, e capazes de realizar ações complexas, imitando movimentos e comportamentos humanos com o auxílio de inteligência artificial avançada.

Androides

São um tipo específico de robô humanoide, porém seu design é ainda mais detalhado e realista, criado para imitar fielmente a aparência física humana. O objetivo dos androides é simular a presença humana quase perfeitamente, tanto na aparência quanto no comportamento.

Ciborgues

Diferentemente dos dois anteriores, ciborgues não são robôs, mas humanos que possuem componentes mecânicos ou eletrônicos integrados em seus corpos biológicos. Ou seja, são pessoas com partes tecnológicas incorporadas ao corpo para melhorar ou substituir funções biológicas.

IA FÍSICA: INTELIGÊNCIA ARTIFICIAL INDO ALÉM DO DIGITAL

Enquanto a IA tradicional está focada principalmente em software e algoritmos digitais, a IA física se refere a robôs e dispositivos inteligentes que interagem diretamente com o mundo real, de maneira física. Ou seja, são máquinas inteligentes capazes de manipular objetos reais, mover-se em espaços físicos e executar tarefas práticas.

A grande revolução da IA física é que ela não apenas sugere soluções digitais, mas realiza ações práticas e concretas, diretamente no mundo real, transformando processos físicos reais, sobretudo em fábricas, hospitais, escritórios e residências.

EXEMPLOS REAIS: ROBÔS HUMANOIDES JÁ EM USO

Nas fábricas

Empresas como a Tesla e a Boston Dynamics já utilizam robôs humanoides avançados em suas fábricas, realizando tarefas complexas que vão desde montagens precisas até transporte de cargas pesadas. Um exemplo famoso é o robô humanoide Atlas, da Boston Dynamics, capaz de movimentar-se com agilidade surpreendente, inclusive saltando obstáculos e carregando objetos pesados, tarefas anteriormente realizadas apenas por humanos.

Em nossas casas

Robôs como o Tesla Bot (Optimus), anunciado por Elon Musk, serão utilizados no futuro próximo para auxiliar em tarefas domésticas repetitivas e cansativas, como limpeza, organização ou até mesmo cuidar de idosos ou pessoas com necessidades especiais. Esses robôs não apenas realizarão tarefas básicas como também aprenderão a reconhecer hábitos, preferências e contextos emocionais de seus proprietários humanos, tornando a interação com eles natural e útil no dia a dia.

POR QUE OS ROBÔS HUMANOIDES SÃO RELEVANTES PARA O FUTURO?

O uso de robôs humanoides é especialmente importante porque:

- **Facilitam a interação natural com humanos.** A forma humana facilita aceitação psicológica e emocional dos robôs, permitindo maior integração e colaboração direta com humanos.

- **Realizam tarefas perigosas ou cansativas.** Robôs humanoides poderão executar atividades perigosas, repetitivas ou exaustivas, protegendo humanos de riscos físicos ou desgaste emocional.
- **Permitem maior autonomia.** Idosos ou pessoas com deficiência terão autonomia ampliada ao contar com robôs humanoides para auxiliá-los diretamente em suas necessidades físicas e práticas cotidianas.
- **Aumentam a eficiência produtiva.** Robôs humanoides já estão multiplicando eficiência produtiva em fábricas e indústrias ao substituir trabalho físico pesado e repetitivo.

DESAFIOS ÉTICOS E SOCIAIS DOS ROBÔS HUMANOIDES

Como toda tecnologia disruptiva, o avanço dos robôs humanoides traz desafios éticos importantes, como:

- Garantir a segurança física e emocional de humanos em interações com robôs inteligentes.
- Evitar substituição massiva e descontrolada de trabalhadores humanos sem estratégias claras de recolocação e treinamento.
- Respeitar a privacidade, já que robôs terão acesso a informações íntimas e pessoais no ambiente doméstico.
- Considerar seriamente o impacto emocional e psicológico de convivermos diariamente com máquinas semelhantes a humanos.
- Profissionais híbridos desempenharão papel essencial na gestão desses desafios éticos e sociais, garantindo o uso equilibrado e responsável dessas tecnologias.

COMO OS PROFISSIONAIS HÍBRIDOS PODEM SE PREPARAR PARA ESSE FUTURO?

Profissionais híbridos precisam:

- Entender profundamente como essas tecnologias funcionam para utilizá-las estratégica e eticamente.
- Desenvolver competências emocionais e interpessoais ainda mais avançadas para interagir de maneira equilibrada com robôs humanoides.
- Liderar equipes híbridas formadas por humanos, algoritmos digitais e robôs físicos, garantindo produtividade, ética e bem-estar emocional constante.

O FUTURO PRÓXIMO: ROBÔS HUMANOIDES MUDANDO NOSSA VIDA DIÁRIA

Em pouco tempo, a presença de robôs humanoides na vida diária será algo comum e natural. Eles estarão nas casas, nas fábricas, em hospitais e escolas, tornando o cotidiano mais fácil, produtivo e seguro.

Mas, acima de tudo, robôs humanoides permitirão aos humanos dedicar mais tempo à criatividade, à empatia, à estratégia e à inovação – áreas em que nosso diferencial competitivo é absoluto.

A chegada dessa nova geração tecnológica não é uma ameaça, mas uma extraordinária oportunidade de redefinir completamente nossa relação com o trabalho e com o tempo.

FONTES E REFERÊNCIAS PRINCIPAIS

ARTIGOS DE AUTORIA DE JUNIOR BORNELI PUBLICADOS NO SUBSTACK

A Equação da Resistência: a única fórmula que você precisa conhecer para vencer desafios. Disponível em: https://juniorborneli.substack.com/p/a-equacao-da-resistencia-a-unica. Acesso em: 6 maio 2025.

O Poder da Intuição: o algoritmo invisível. Disponível em: https://juniorborneli.substack.com/p/o-poder-da-intuicao-o-algoritmo-invisivel. Acesso em: 6 maio 2025.

LIVROS DE REFERÊNCIA SOBRE FUTURO DO TRABALHO, IA E INOVAÇÃO

BORNELI, J.; FRANCHESCHI, P.; KRUEL, C. **Organizações infinitas**: o segredo por trás das empresas que vivem para sempre. São Paulo: Gente, 2021.

BOSTROM, N. **Superinteligência**: caminhos, perigos e estratégias para um novo mundo. Tradução de Clemente Gentil Penna e Patrícia Jeremias. Rio de Janeiro: Darkside, 2018.

HARARI, Y. N. **21 lições para o século XXI**. Tradução de Paulo Geiger. São Paulo: Companhia das Letras, 2018.

LOW, J.; STOYANOVA, V. **Doers & Dreamers**: How to launch, lead, market and scale companies that impact the world. JumpStory, 2024.

WILSON, H. J.; DAUGHERTY, P. **Humano + máquina**: reinventando o trabalho na era da IA. São Paulo: Alta Books, 2019.

ISMAIL, S.; MALONE, M. S.; GEEST, Y. V. **Organizações exponenciais**: por que elas são 10 vezes melhores, mais rápidas e mais baratas que a sua (e o que fazer a respeito). São Paulo: Alta Books, 2019.

EMPRESAS CITADAS COMO EXEMPLOS REAIS DE INOVAÇÃO HÍBRIDA

Tesla (robôs e IA física)

Amazon (automação e inteligência exponencial)

Nubank, Magazine Luiza, Mercado Livre (liderança híbrida, cultura de aprendizado contínuo)

Netflix, Spotify (combinação da IA com criatividade e intuição)

Google, Microsoft (cultura híbrida e aprendizado contínuo)

PERSONALIDADES CITADAS COMO REFERÊNCIA DE LIDERANÇA E INOVAÇÃO HÍBRIDA

Satya Nadella (CEO da Microsoft)

Reed Hastings (fundador da Netflix)

Elon Musk (fundador da Tesla, SpaceX)

Steve Jobs (fundador da Apple)

Warren Buffett (investidor e CEO da Berkshire Hathaway)

Frederico Trajano (Magazine Luiza)

CONCEITOS TÉCNICOS E ESTUDOS SOBRE IA E ROBÓTICA

Inteligência artificial, *machine learning* e IA física: artigos científicos, relatórios da McKinsey e do Fórum Econômico Mundial.

Conceito de inteligência exponencial baseado nas ideias de Peter Diamandis e Salim Ismail.

CASES HISTÓRICOS DE PROBLEMAS COMPLEXOS E INOVAÇÃO

Apollo 13 (Nasa): exemplo clássico de resolução complexa de problemas por humanos.

Vacina contra a covid-19 desenvolvida pela Pfizer: colaboração híbrida entre cientistas humanos e inteligência artificial.

Este livro foi impresso pela Edições Loyola em
papel pólen bold 70 g/m² em junho de 2025.